教育部哲学社会科学研究重大课题攻关项目

基于新金融安全观的银行业控制权研究

文庆能 著

Research on the Control Rights of Banking Industry: Based on a New View of Financial Security

西南财经大学
中国金融研究中心

中国金融出版社

责任编辑：张　铁
责任校对：张志文
责任印制：丁淮宾

图书在版编目（CIP）数据

基于新金融安全观的银行业控制权研究（Jiyu Xinjinrong Anquanguan de Yinhangye Kongzhiquan Yanjiu）/文庆能著. —北京：中国金融出版社，2010.9

（中国金融国际化中的风险防范与金融安全研究系列专著）

ISBN 978－7－5049－5560－9

Ⅰ. ①基…　Ⅱ. ①文…　Ⅲ. ①银行—安全管理—研究—中国　Ⅳ. ①F832.2

中国版本图书馆 CIP 数据核字（2010）第 125402 号

出版发行　中国金融出版社
社址　北京市丰台区益泽路 2 号
市场开发部　(010)63272190，66070804（传真）
网上书店　http：//www.chinafph.com
　　　　　(010)63286832，63365686（传真）
读者服务部　(010)66070833，62568380
邮编　100071
经销　新华书店
印刷　利兴印务有限公司
装订　平阳装订厂
尺寸　169 毫米×239 毫米
印张　11.5
字数　175 千
版次　2010 年 9 月第 1 版
印次　2010 年 9 月第 1 次印刷
定价　26.00 元
ISBN 978－7－5049－5560－9/F.5120
如出现印装错误本社负责调换　联系电话（010）63263947

总　序

（一）

人类社会进入20世纪后，全球化浪潮风起云涌，金融的发展在促进全球经济增长的同时，也给世界各国特别是发展中国家带来了巨大的风险。世界金融发展史表明，无论是发达国家还是发展中国家，在经济开放的过程中很少能够避免金融危机的爆发，经济发展通常伴随着风险的形成与积聚，金融风险积累到一定程度后，将严重影响到一国的金融安全。特别是20世纪90年代以来，墨西哥金融危机、亚洲金融危机、俄罗斯金融危机和巴西金融危机连续爆发，给危机爆发国造成了严重危害，也极大地冲击了全球经济金融体系。

2008年下半年全球金融市场的表现注定要进入未来金融经济史的教科书。9月以来，国际金融市场经历了大规模机构破产重组、全球金融市场暴跌、各国政府积极救市等应接不暇的动荡情景。起源于华尔街的次贷危机也迅速演变为一场浩大的全球性金融海啸。究其原因，在于全球失衡下的经济调整、国际金融秩序与流动性收缩与扩张。现在看来，金融海啸的下一幕越来越朝着悲剧的结尾演绎：格林斯潘所说的“腐蚀性”力量正在日益显现，美国的银行信贷紧缩和消费紧缩看来已经是不可避免。虚拟经济带来的负的财富效应和需求效应正在以前所未见的深度和广度体现在全球实体经济的消费和投资中。历史总是在重演，但金融危机每一次爆发的方式、重点均呈现出新的特点，因此人们几乎无法准确地预测到金融危机爆发的时机。金融危机给世界经济带来严重威胁，金融风险的防范和金融安全的维护也成为世界性经济难题，受到各国政府、经济管理部门、金融企业和经济理论界的高度关注。

中国正处在由发展中国家向发达国家过渡、由计划经济体制向市场经济体制转型的特殊历史阶段，经济的高速发展与制度变迁必然导致金融风险的种类、性质、分布及传导机制的频繁变动，风险问题日益突出和复杂。特别是在加入世界贸易组织后，国内金融业全面开放的趋势不可逆转，一方面其他国家或地区的金融风险会通过多种途径传递到国内，加大外在不确定性的冲击；另一方面经济全球化也会带来很多新的内在不确定性，改变国内金融风险的状况。我国金融国际化中所面临的风险和安全问题已引起党和政府的高度关注：2003 年 10 月，党的十六届三中全会通过的《中共中央关于完善社会主义市场经济体制若干问题的决定》中明确提出要“有效防范和化解金融风险，……健全金融风险监控、预警和处置机制”，“维护金融运行和金融市场的整体稳定，防范系统性风险”。2005 年 10 月，在党的十六届五中全会通过的《中共中央关于制定国民经济和社会发展第十一个五年规划的建议》中，又明确指出在防范和化解金融风险的基础上，要进一步维护金融稳定和金融安全。2008 年 10 月，国家主席胡锦涛应约同美国总统布什通话时强调：中国政府为应对这场金融危机采取了一系列重大举措，以保持金融市场和资本市场稳定，保持经济平稳较快增长势头。中国政府将继续以对中国人民和各国人民负责的态度，同国际社会密切合作，共同维护世界经济金融稳定。

以史为鉴，开放是历史的必然。据史料考证，近代中国的金融风潮与开放密切相关，其根源在于半封建半殖民地国家主权的沦丧和民族金融业的羸弱。数次风潮冲击之烈、影响之深，足以警喻当世！继往开来，中国正处在和平崛起的道路上。面对经济全球化的复杂局面，党中央提出了在“新安全观”指导下构建“和谐世界”的宏大构想。崛起中的中国应该采取怎样的金融开放战略？金融体系如何支撑中国经济高速增长？中国会不会出现金融危机？什么情况下会爆发金融危机？因此，本课题的研究将丰富新时期金融安全理论，为防范风险、维护金融安全，保持国民经济的持续健康发展提供重要决策支持。

（二）

本课题从最基本的概念入手，以个体风险、系统性风险与金融安全之间的逻辑关系作为分析的起点。风险是指能用数值概率表示的随机性，侧重于不确定性和由不确定性引起的不利后果；“系统性风险”则是指一个事件在一连串的机构和市场构成的系统中引起一系列连续损失的可能性［考夫曼（Kaufman），1995］；金融安全是一国金融体系的稳定运行状态，通常与金融国际化交织在一起，与金融危机、金融主权密切相关，其关键在于核心金融价值的维护，根本取决于一国政府维护或控制金融体系的能力和一国金融机构的竞争能力。三者分别对应着损失的形成、扩散和危害，形成依次递进的逻辑关系。单个的金融风险不足以影响到一个国家金融体系的正常运行，只有当单个风险迅速扩大、转移和扩散演变成系统性风险时，才能对金融体系的功能发挥造成重大影响，进而威胁到金融安全。金融危机是金融安全受到威胁的极端表现，而金融主权则是国家维护金融安全最重要的基础。

本课题组认为，经济体制的双重转轨是中国长期不可回避的现实，国际化的过程就是非核心金融主权在互利互惠条件下平等分享的过程。在国际化背景下，风险的来源更为复杂，风险的识别尤为困难，风险的传染甚为容易。基于上述认识，本课题研究思路围绕一个中心（以金融机构尤其是银行作为研究核心）、两个视角（金融经济学与金融政治经济学视角）、三个层次（国家安全、经济安全、金融安全）来展开。

金融机构是经营风险的机构，是风险产生、积聚和转移的主要载体，相关金融安全问题也必然体现在金融机构上。如果将风险的传染视为一个网络系统，金融机构就是网络中的结点，无论是金融机构之间的直接传染还是通过金融市场的间接传染，风险都会通过结点沿着网络路径传递。在金融国际化进程中，金融机构的数量和类型、金融市场的规模和结构以及相关制度等都发生了明显变化，最终改变了金融风险的形成、种类和分布状况，在影响风险扩散、转移和传导途径的同时，也影响了风险总量。因此，本课题在国际化背景下以金融机构为着眼点探讨风险机理的微观基础，研究金融机构风险的生成、转移与扩散机理，进而探究系统性风险转移与金融安全的关系。

金融安全问题是一个综合国际政治、经济、文化诸方面的重大课题，它的提出一方面与系统性风险、金融危机等命题相关，另一方面牵涉到资源配置的权力、金融主权等方面的内容。为此，我们坚持从经济学视角与政治学视角来对金融安全问题进行解析。经济学视角研究重点在于分析金融风险和危机给安全带来的威胁，研究个体风险、系统性风险、金融危机的连接机制与生成机理。金融主权是国家安全的重要支撑，政治学视角的研究重点在于分析受金融因素影响的国家“非经济核心价值”。我们从政府角度研究政府行为规范，将金融领域政策手段作为大国博弈的重要工具，研究在开放的过程中如何维护自己的主权，把握开放的进程，进而在全球政治经济新秩序重构中分享最大化收益。

国家安全、经济安全与金融安全是相互关联的三个层次。经济安全与金融安全是政治概念与经济概念的混合，我们试图以国家安全层面为起始，在双重转型的特殊约束条件下，从国家安全、经济安全、金融安全三个层次论述金融安全在不同层面上的相互转换与分担机制。国家层面的金融安全主要探讨国际政治经济新秩序下的中国金融开放战略与控制权的争夺问题；经济层面的金融安全主要探讨金融系统性风险与经济系统风险的分担与转换机制，研究金融系统性风险向金融危机、经济危机转化的临界条件与路径；金融层次的金融安全主要探讨经济风险如何集中于金融体系，研究金融机构个体风险如何向系统性风险转换及金融机构、金融市场之间的风险传染机制。三个层次从宏观到微观，相互递进、相互关联，微观层次的研究可作为宏观层次研究的微观基础与理论依据，宏观层次的研究可作为微观层次的前提条件。

（三）

本课题立足于全球金融体系发展的最新格局，紧密依托于中国的新安全观，形成了以下四个方面的研究特色：第一，从国家安全与国家整体开放战略的高度切入金融安全问题，在全球政治经济背景下研究金融安全问题的内涵、层次与核心；第二，在合理构建宏观风险分担机制框架下，基于效率与安全的权衡研究双重约束下的新型金融发展理论；第三，基于双重约束的背景，构建金融安全理论的微观基础，研究风险与金融安全问题机理，推动理论研究的系统性和模型化；第四，从政府行为和机构竞争力的双重视角出发对风险防范和金融安全维护进行拓展性的基础研究，构建我国政府行为与金融安全关系理论、金融安全状态监测与预警理论、金融危机管理理论及风险防范与金融安全维护的政策选择理论。

在研究中本课题试图对一些前瞻性的问题给予解答，主要研究框架如下图所示，主要研究内容如下：

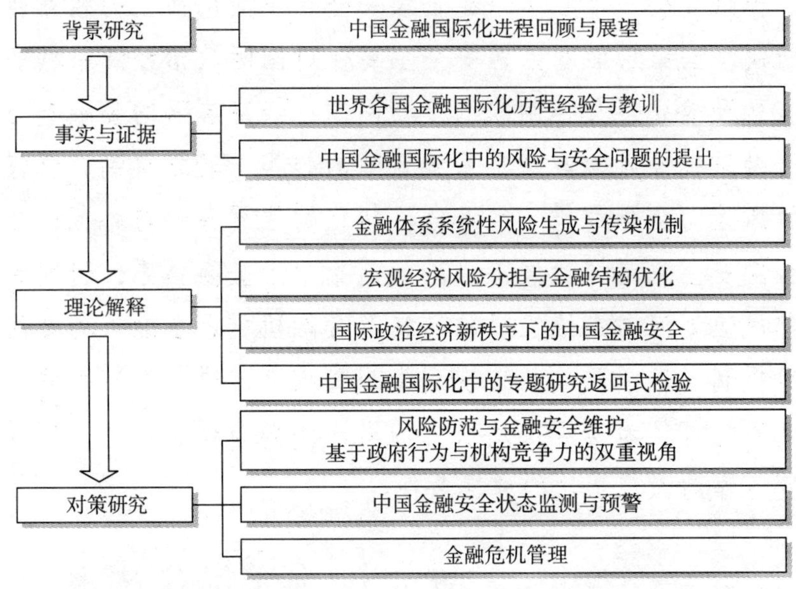

1. 基于全球视角的金融国际化进程研究。首先，从中国金融国际化的历史进程出发，研究我国金融国际化的全球化背景、阶段特征、演进动因以及未来展望，并借助新制度经济学和转型经济学的方法对此进行理论分析。其次，借鉴代表性国家金融国际化中的经验与教训，从金融机构、金融市场、人民币、宏观调控和金融监管国际化与实体经济等方面系统梳理中国金融国际化中所面临的风险问题，并对我国金融安全所面临的威胁进行初步分析。最后，梳理金融国际化与金融安全的相关概念及理论综述，研究国际化进程对经济金融演进的影响，探究金融安全生成及其演变规律的变化，界定金融安全研究的边界与方向。

2. 金融系统性风险的生成与传染机制研究。首先，研究金融机构、金融市场系统性风险生成与传染的理论基础，重点考察银行体系的竞争力与战略转型；金融机构海外扩张带来的风险与安全问题；信息技术、支付结算体系问题；资产价格剧烈波动与金融系统性风险；金融衍生品的定价机制与风险问题；证券市场制度建设与国际资本流动的监测；金融机构与金融市场风险传染；货币市场与资本市场的风险传染；机构投资者行为与金融安全；金融整合与系统性风险；等等。其次，将金融机构、金融市场风险整合进行综合分析，将各类微观风险纳入金融机构风险函数中，考察金融国际化带来的冲击，构建双重约束下我国金融机构的风险特征函数，从共同冲击与风险传染两条路径来构建金融系统性风险生成的理论模型，研究跨市场、跨机构的金融系统性风险生成的统一框架。最后，通过实证方法构建不同开放程度与金融发展程度下金融系统性风险生成机制的差异，并对中国金融机构的系统性风险进行测度与评估。

3. 宏观经济风险分担与金融结构优化。宏观经济风险在各部门的增减、转移与累积等分担状态的变化直接制约系统性风险向金融危机的转化并影响金融风险向经济体系的渗透程度。为此，我们以银行部门为核心，抓住各个经济部门的资产负债联系，研究金融系统性风险与其他经济系统的风险（如财政、实体经济等）之间，系统性风险在国际、代际的转移机制，考察金融系统性风险向安全问题转化的机理。据此，分析我国金融风险传播途径和风险暴露状况，采用Black－

Scholes 模型编制中国经济资产负债表，并对公共部门风险债务的可持续进行分析。从金融结构优化角度考察金融安全，我们重点研究信贷总量、流动性与金融安全；经济增长动力、经济可持续化发展、经济结构调整与系统性风险；改革成本分担与财政可持续问题；人口结构、养老金体系与金融制度安排；金融结构与金融安全；金融一体化、金融深化与金融风险；外贸依存度与金融安全；等等。

4. 国际政治经济新秩序下的金融安全问题研究。首先，从金融主权的角度来研究国际化进程中的新安全观问题，试图将金融安全与金融主权之间的关系模型化，研究金融主权的演变逻辑，分析大国为金融利益的博弈以及金融国际化次序、国际金融格局变化给我国金融安全带来的影响。重点研究金融机构的对外开放战略与金融主权；国际化进程中的货币政策独立性及有效性问题；银行业开放中的控制权问题；人民币的影响力、人民币的汇率机制以及国际货币机制调整中的金融主权问题；国际货币体系失衡及国际主要货币汇率波动；国际贸易争端与金融风险的联动；等等。其次，研究全球金融风险的分摊与转移机制，论证一国金融风险分摊量值的决定因素，考察全球经济失衡下金融风险转移机制；全球流动性收缩与扩张带来的风险冲击；世界能源市场价格波动与金融风险；资本流动及其突然逆转对金融风险的影响；中国在全球金融风险分摊中的地位与分摊量值；等等。

5. 基于政府行为与金融机构竞争力双重视角下的风险防范与金融安全维护研究。首先，研究政府行为在金融安全维护方面的二重性特征，其既是金融安全隐患的重要来源，也是维护金融安全的关键力量。为此我们将政府行为分为大国博弈下的政府战略安排、对外开放政策、对内的监管政策与产业政策、政府的经济行为四个层次，在此基础上将政府行为纳入金融安全生成的理论模型中，考察政府行为对金融安全生成的影响机制。其次，从政府行为与金融机构两个角度来构建多层次金融安全维护体系。重点考察财政与金融管理当局在安全维护上的权力配置；最后贷款人、金融监管及存款保险制度的权力配置；提高我国在全球金融风险分摊中的地位；降低分摊到的跨国金融风险量值；金融竞争效率与金融安全的协调；金融安全网的构建；最后贷款人的理论模型；最优存款保险制度的构建；混业经营与监管合作；跨行业、跨市场、跨国界的多维金融监管体系构建；市场约束、金融监管与最低资本要求的合理边界；重构全球金融风险的分担机制；等等。

6. 中国金融安全状态的监测与预警。包括触发机制、影响因素、传染概率、压力测试、预警体系及总体评估多方面的内容。首先，从测度层面对金融稳定、金融稳健以及金融安全等概念进行界定，编制系统性风险、传染概率、经济风险、金融主权、金融危机、金融安全指数系列，构建中国金融安全数据库，多层次对我国金融安全状态进行研判。其次，在国际比较的基础上，提出中国金融安全状态监测与预警的基本框架，构建中国金融安全监测指标体系，并分析实体经济走势、金融自身因素变化和突发事件对金融安全状态的影响。最后，构建中国金融安全监测与预警的组织架构体系，通过对中国金融安全状态的情景分析和压力测试，研究中国未来若干年内爆发金融危机的概率及爆发的可能路径，并据此提出可能的应对措施。

7. 国际化进程中的金融危机管理研究。首先，研究金融危机管理的一般理论，分析美国等发达国家金融风险防范与危机管理的机制和经验，探讨危机管理与危机生成之间的理论关系，构建我国金融危机管理体系，并重点考察管理银行、债务和货币危机的具体方法和措施及金融危机管理带来的后续冲击。其次，“华尔街金融海啸”为金融危机的管理提供了丰富的研究素材，也为我们的研究带来了巨大的挑战。为此，我们将以此次危机为例，重点考察“华尔街金融海啸”引致的全球危机管理比较分析；危机管理政策的绩效评价；最后贷款人角色的两难问题；全球注资导致的流动性泛滥与通货膨胀问题；危机管理引致的公共财政可持续问题；危机管理的全球协调机制；危机管理的全球援助机制；危机管理导致的全球风险重新分摊问题；等等。

（四）

金融安全的研究是一个动态变化的开放进程，其探究的边界与重点也将随着全球金融格局特征变化而相应更新。亚洲金融危机让我们反思“东亚模式”、政府失败与裙带资本主义的缺陷，而“华尔街金融海啸”又让我们审视全球金融过度膨胀与金融创新带来的危害。“路漫漫其修远兮，吾将上下而求索”，本课题也仅仅是一个尝试，仅反映了我们对此问题的思考与探索，研究中仍存在许多需进一步思索的问题。

1. 课题涵盖的范围和内容太广，金融国际化、金融风险、金融安全本身就蕴涵了金融的大多数问题，很难处理好开放与安全、理论与实践、重点与一般之间的关系。为此，我们选择重点问题与关键方法论进行攻关，但“横看成岭侧成峰，远近高低各不同”，难免有许多值得研究的问题被遗漏与疏忽。

2. 金融国际化给我国带来了广泛的影响，我们很难清晰地描述金融国际化的内容，也很难将金融国际化进行准确的数理刻画并代入模型之中。同时，我们也应随金融业的未来发展趋势同步更新我们的研究内容与核心，比如风险管理技术与系统性风险生成、银行结构性融资与系统性风险生成、金融整合与系统性风险生成、美元中心地位与全球金融风险分担等内容。

3. 数据问题致使金融安全的实证研究遭遇较大障碍，尤其是严重的信息约束，从而影响监测和预警目标的实现。一是由于银行的保密原则与研究样本缺乏连续性，导致一些关键数据难以取得，比如银行真实的关联头寸等；二是金融市场有效性不足导致在国外应用较广的基于市场信息的系统性风险评估方法推广受到较大限制；三是关于政府或利益集团的背景和国际银行业市场行为的第一手资料收集存在较大的障碍。为此，对中国爆发金融危机的可能性的准确预测成为本研究面临的最大难题。

（五）

本丛书源于刘锡良教授主持的教育部2006年立项的重大攻关课题“中国金融国际化中的风险防范和金融安全研究”。自项目申请以来，课题组进行了广泛的多层次国内外学术交流，与世界银行、国际货币基金组织、中国人民银行、中国银监会、中国证监会、中国保监会、日本岗三证券等建立了长期的合作关系，并赴美国、日本、德国、澳大利亚等国，中国台湾、北京、上海、深圳等地进行调研考察，取得了丰富的第一手资料，主要研究成果呈现于本丛书之中。

课题组以西南财经大学中国金融研究中心为依托，联合各方面的力量，组建一流的研究团队，共同完成课题的研究。课题组共由三十几位同志组成，核心成员包括曾康霖教授、庞皓教授、邓乐平教授、陈野华教授、殷孟波教授、黎实教授、高晋康教授、聂富强教授、谢平研究员、唐旭研究员、王松奇教授、唐思宁研究员、王自力博士、阎庆民博士、姜洋博士、徐诺金博士、陆磊教授、尹龙博士。参与课题的还有周凯博士、董青马博士、洪正博士、文庆能博士、王丽娅博士、刘轶博士、孙磊博士、李世宏博士、童梦博士、许文彬博士等。

本课题由刘锡良教授主持并提出研究的基本思路与框架体系，在课题组成员的共同努力下，经过几年的时间，通过大量的调查研究和反复讨论，几易其稿，最终完成。在课题设计与论证过程中，中国银监会胡怀邦教授、中国人民银行唐旭研究员、中央汇金投资有限公司谢平研究员、中央财经大学王广谦教授、辽宁大学白钦先教授、中国社会科学院金融研究中心王松奇教授、中国银监会上海监管局阎庆民教授、复旦大学姜波克教授、中央财经大学史建平教授、中国人民大学吴晓求教授等给予了许多指导与支持，并提出了很好的建议。教育部社科司袁振国副司长、张东刚处长对课题的研究内容给予了许多具体的指导与帮助。西南财经大学刘灿教授及科研处的同志对课题研究给予了大力的支持与帮助。中国金融出版社的编辑同志为专著的出版付出了辛勤的劳动，在此一并表示衷心的感谢！

刘锡良

2008 年 10 月 18 日

摘　要

21 世纪，金融、贸易和技术的流动变化将决定新时代的政治经济现实。全球化浪潮风起云涌，随着加入世界贸易组织过渡期安排的结束，我国金融业全面开放的趋势不可逆转。当前国有银行股份制改革都已经按照“注资—改组—上市”的思路顺利完成，引进境外战略投资者成为其中重要的战略安排。随着银行业开放进程的深入，作为战略投资者的国际活跃银行给中资银行施加了强大的竞争压力，甚至有可能对我国金融安全造成影响。银行业是关系国计民生的战略性产业，银行业开放整体战略与我国金融安全的维护息息相关，而外资进入后我国金融权力的重新分布与配置是这一系列争议的焦点。然而笔者在研究中发现，对权力和安全的理解本身就根植于不同的认识论，在学术界，不同学派对开放与安全的看法针锋相对。金融安全和控制权不仅是一个复杂的政治经济学问题，而且还涉及人们的世界观与价值观。基于这样的出发点，本书以金融安全、银行业开放与银行业控制权为主要对象，着重研究这三个方面的逻辑联系。本书试图回答这样几个理论问题：在开放进程中，哪些因素影响到银行业控制权？怎样解读金融安全？银行业控制权配置状态的改变又怎样影响到国家的金融安全？本书的研究不仅为金融安全和银行业控制权研究构建了一个分析框架，而且为我国银行业控制程度评判和安全维护提供了初步的参考依据。除导论外，全文共分为六章。

第1章基于对国际政治经济与金融经济理论的分析，提出全球化时代的金融安全观。本章的重点是阐述金融安全的内涵、观念、研究视角和理论渊源。金融安全问题是一个综合国际政治、经济、文化诸方面的重大课题，如何树立金融安全研究框架本身就是一个理论问题。国家安全、经济安全与金融安全是相互关联的三个层次。金融安全的维护是国家安全战略的重要组成部分，它的提出一方面与系统性风险、金融危机等命题相关，另一方面牵涉到资源配置的权力、金融主权等方面的内容。中共中央在新世纪颁布了“新安全观”的立场文件，本书基于“全球化”和“以国家为中心”的现实，提出了“新金融安全观”的认识原点。金融安全的研究应该从经济与政治两个方面来分析。金融经济的效率与稳定需要经济学的理论研究，而金融权力的博弈与斗争则要用到政治学方面的分析工具。

经济学视角的研究重点在于分析金融风险和危机给安全带来的威胁。一方面，金融安全表现为金融财富安全和金融体系的稳定。这意味着金融安全是金融本身的稳定和金融发展的安全，这也是对金融安全最基本的理解。另一方面，基于金融与经济的关系，金融风险的累积和金融危机的爆发也会影响到实质经济层面，可以说金融危机与经济危机没有严格的分界线，金融安全也是经济安全的核心。

政治学视角的研究重点在于分析受金融因素影响的国家“非经济核心价值”，金融安全可以表现为国家政治和军事等领域的安全受金融因素的影响程度，这意味着我们把金融主权看做是对国家安全的支撑。在全球化的今天，金融领域的政策手段已经成为大国博弈的重要工具。金融开放决策是利益与安全的权衡，在拓展世界影响力的舞台上，金融控制与反控制的博弈是一个重要的砝码。各国对广义金融安全的解读尤为重要。

总的来说，金融安全的关键在于对金融核心价值的维护，而金融核心价值主要体现在金融机构通过市场对资源的配置功能上，而一国对关键资源的支配和控制问题又衍生出金融权力的问题。金融体系的高效稳定和资源控制权配置木身是不可以分割看待的。如果只是牢牢掌握着金融资源的控制权，而体系内部存在诸多弊端和风险隐患，金融不能为国家经济发展提供足够支持，那么这并不是真正的金融安全；反之，仅仅片面考虑金融业的市场环境与经济效益，而导致金融资源的控制权旁落，这肯定也会威胁到国家金融安全。在金融国际化的大背景下，金融的开放必然伴随着开放国在金融运行效率改善的期望与金融控制权丧失的风险之间的艰难平衡。金融开放的过程也是金融非核心主权不断被分享的过程。

第2章通过综述文献研究了银行业开放的动因与效应，并运用国际比较分析了各国银行业开放中控制权的博弈案例。20世纪90年代以来，国际金融业竞争日趋激烈，规模巨大的银行业兼并重组浪潮在世界范围内展开，这一切正在悄然改变着国际银行业的格局。我国也以前所未有的幅度开放银行业市场。为什么国际银行业会出现如此激烈的变动？允许外资银行进入会给东道国带来怎样的宏观效应和控制权威胁？本章从跨国银行与东道国的角度分析了银行业开放的多种理论假说，并对外资银行进入效应研究进行了系统评述。从银行业开放的宏观效应来看，西方发达国家正通过地缘经济政策和操纵国际组织等手段促使其他国家开放银行业市场，试图获取其银行业控制权。一些中东欧与拉美国家由于经济转型或经济危机开放银行业，导致大部分市场份额被外资所控制；反倒是各个经济大国对外资进入银行业进行严格监管，并将银行业牢牢地控制在本国企业或政府手中。

第3章是全书的重点。本章从银行个体和产业的角度出发，构建了关于银行业控制权的理论研究框架，并建立了评判银行业外资控制程度的指标体系。银行业开放带来的控制权威胁是东道国政府和人民面临的严重困扰。对研究者来讲，谈银行控制权已经非常困难，要给银行业控制权的分析建立一个框架更是难上之难。然而，我们要从理论上说清楚一家银行的控制权和一国银行业的控制权体现在哪些方面。本书基于公司治理与产业控制理论的研究，从特殊性和核心竞争力构成出发，解析了银行的控制性要素。笔者认为，对于一家现代银行，控股权仍然是基本的控制性要素；通过占有某些非资本的控制性要素也能在一定程度上取得相对的控制权。银行业控制权不是控制银行资本总量和家数的简单加总，其核心是控制银行市场的经济利益，以及控制银行业资源对国家经济与安全局势的辐射能力。银行市场的经济利益及其对国家战略的影响是控制权争夺的动机或结果，外国经济体可能通过扩张经营性机构和参股并购这两条途径来侵占东道国银行市场，控制金融资源。产权、人才、信息、网络系统、核心技术都可能成为争夺的要点。另外，东道国银行业结构决定了外资控制的途径和策略，提高银行体系国际竞争力、促进金融稳定是东道国保障控制权的根本措施，而政府的规制和监管是反制外资渗透控制的主要形式和手段。

本章初步建立了衡量银行业控制程度的指标体系，我们将通过政府规制能力、东道国市场状况和外资银行控制力三个方面来刻画一国银行业被外资现实控制的程度和可能的发展趋势。根据上述指标体系，我们引入我国银行业开放的实证数据，对我国银行业外资控制程度作一个初步的判断。

第4章通过分析境外战略投资者的全球发展战略、国际并购行为和中国区发展态势，阐述了引入境外战略投资者对我国金融安全的影响。引进境外战略投资者是我国商业银行改革的重要举措。虽然中资银行的股权开放抱着合资共赢的良好初衷，然而外资银行的战略动机和行为给我国金融业带来了巨大压力。跨国并购扩张是跨国银行整体战略的核心组成部分。在一些国家银行业开放进程中，跨国银行总是扮演积极参与者与推动者的角色，因此，外资金融机构参股中资银行和在中国开设营业性机构，都是其全球战略框架下的一个步骤，外资在中国的并购行为只是国际银行业并购浪潮的一个局部。其中汇丰、花旗等国际活跃银行在中国市场具有相当大的战略雄心，需要引起我国监管部门的高度重视。

第5章重点研究了国际政治因素对我国银行业开放战略抉择的影响。金融开放并非一个单纯的经济学问题，在抉择过程中往往必须考虑国内利益集团之间以及国家之间争夺权力与利益的博弈。从国际政治的角度来看，国际金融领域呈现出明显的中心—边缘结构。地缘政治、意识形态和文化观念会给不同国家的金融安全带来显著的差异。本章通过对中东欧、拉美和近代中国等金融开放典型案例的分析，提出对于当今中国这样一个社会主义大国来说，保有银行业控制权一定是保障金融安全的必要条件。由于各国国情不同，大国的金融安全观念与小国存在显著差异，因此大国制定银行业开放战略时会更多地考虑到国际地位、国家影响力等方面的制约因素。本章通过对国际政治因素的分析，提出我国银行业开放战略充分体现了中美两国之间国家战略层面的角力。非对称性的相互依赖与必然的战略冲突使得中美之间建立了经济战略对话机制，而在银行业开放博弈中，我国政府始终坚持了“以我为主，循序渐进”的原则。

第6章是论文的基本结论与展望。本章归纳了前文的研究结论，并基于对未来银行业控制权与安全形势的判断，提出现阶段所有证据都不足以支持国外势力通过控制我国银行市场进而威胁金融安全的观点，并且在可预见的时间内，我国银行业控制权也是能够得到保障的。本章最后通过对未来我国金融安全威胁可能爆发点的分析，提出了关于制定我国银行业开放与安全维护战略的政策建议。

本书的创新之处主要体现在以下三点：

第一，研究视角新颖，从国家安全与开放战略的高度切入金融安全问题，在全球政治经济背景下研究金融安全问题的内涵、层次与观念，构建了金融安全基于金融经济和金融政治双视角的综合研究框架。本书剖析安全问题的理论渊源，将国际格局、金融权力等要素纳入分析范围，拓宽了研究视野。本书在“互信、互利、平等、协作”的“新安全观”基础上，加入“以国家为中心”的分析视角，提出了认识“新金融安全观”的逻辑起点：将金融开放看做是非核心金融主权的分享过程，将金融安全维护看做是国家对核心主权的坚守和保障。

第二，本书深入剖析各国政府与银行的行为动机、策略及其政治经济约束，从个体和产业的角度出发，将有关银行业控制权的零散理论纳入统一的研究框架，阐述了银行业开放、银行业控制权与金融安全的逻辑联系，增强了理论研究的系统性和解释力。

第三，本书建立起评判银行业外资控制程度的指标体系，在国内首次对我国现阶段银行业控制权与态势进行了评判，对金融安全形势的未来变化趋势进行了预估；在此基础上提出维护我国金融安全的战略要点，给出了相应的政策建议。

Abstract

In the 21st century, the flowing change of finance, trade and technology will decide the political economic reality in the age of globalization. The wave of globalization is blustery. Along with the conclusion of the transition period after entering WTO, the opening of financial industry in our country is irreversible. The property right reform of state-owned commercial banks has already completed smoothly. With the extent of the banking industry opening deepening, as strategic investors, international active banks exert great competition pressure on the banks of China, and maybe influence the financial security of our country. The banking industry is strategic industry, so the overall strategy of the opening of bank is closely linked with the financial security maintenance, and the new disposition of financial resource after the foreign capital enters, which is the focal point of those disputed questions. Based on this background, this article takes financial security, banking industry opening and the control rights of banking industry as the main objects, and focuses on the logical relation of the three aspects. This article has constructed an analysis frame for the financial security and the control rights of the banking industry. The full text altogether divides into six chapters.

The first chapter proposes a new view of financial security in the age of globalization based on the theories of IPE and financial economics. The key point is the connotation, the idea, the research angle and the origin of theory of financial security.

The problem of financial security is a big comprehensive problem of international politics, international economy, culture, etc.. How to set up financial security research frame is itself a problem on theory. The national security, the economic security and the financial security are cross-correlation three levels. Financial security's maintenance is the important component of national security strategies, and it is linked with systematic risk, financial crisis, financial sovereignty, etc.

The key of financial security lies on maintenance of the core value of finance, and the core value mainly manifests resources disposition function through market. The highly effective stable financial system and the resources' control right disposition are in itself inseparable. Under the background of financial internationalization, it is very hard for the opening country to balance between the risk and the efficiency in finance opening process. The process of finance opening is a process to share non-core financial sovereignty.

The second chapter studies the motivation and the effect of banking industry opening through the literature research, and analyzes various game cases of banking industry's control rights through international comparative analysis.

This chapter analyzes many kinds of hypothesis from an angle of the multinational bank and the host country, and makes a systematic commentary on the effect of foreign bank entry. From the macro effect of the opening of the banking industry, the western developed countries want to get the control right of banking industry through geography economic policy and other methods. Some Eastern European and Latin American countries opened banking industry because of economical reforming or economic crisis, which causes the majority of market share controlled by the foreign capital. On the contrary, the economic giants carry strict supervision on the foreign capital into banking industry, and the enterprises or the government of the country controls the banking industry firmly.

The third chapter is the key point of the full article. This chapter constructs the frame to study the control right of banking industry from individual bank and banking industry angle, and establishes the indicator system to judge the degree of banking industry controlled by foreign capital.

Based on the company government theory and industry control theory, this chapter analyzes the essential control factor from particularity and core competitiveness. This article believes that control right is the basic factor for a modern bank, and we can get relative control right through control non-capital factor. The control right of banking industry is not reflected by the total banking capital quantity. The core is to control the economic interest of market and control the radiation effects of banking industry resources to state economy and security. The economic interest and its influence on national strategies are the motivation or result of the competition on control right. Foreign economy may invade the market of host country through expanding managerial organization or share-holding merger. The structure of banking industry in host country decides the way and the strategy of foreign capital to control; Enhance the international competitiveness of bank system and promote financial stability are the basic measures to keep control right; Government's rules and regulations are the main forms and methods to counter foreign capital seepage.

The fourth chapter elaborates the influences of introducing strategic investors on financial security of our country through analyzing the foreign strategy investor's whole world developmental strategy, international merger and acquisition behavior, and the development momentum in Chinese area.

The introduction of foreign strategic investors is an important action for the commercial bank reform in our country. Although the original intention of releasing bank's stockholder's rights was good, foreign bank's strategic motive and behaviors have brought huge pressure on financial industry in our country. The multinational merger and acquisition is the core constituent in the multinational bank overall strategy. In some countries' process of opening banking industry, the multinational banks have always acted as active participants and pushers, so foreign financial institutions' share-holding in Chinese-funded bank or starting operating institutions in China is an important step under their global strategy framework, and the foreign merger and acquisition behavior in China is only a part of international merger and acquisition in banking industry. Some international active banks, like HSBC and the Citibank, have great strategic ambition in Chinese market, which is worth our government's attention.

The fifth chapter studies the influence of international politics on the strategic choice of banking industry in our country.

Financial liberalization is by no means a pure economic question. When we make choice, we must balance among the domestic interest groups and as well as among countries. From international politics' angle, international finance domain presents obvious center-marginal texture. The geopolitics, the ideology and the culture will bring remarkable difference to different nations' financial security.

The sixth chapter makes conclusion and forecasts.

This chapter concludes the preamble research conclusions, and makes judgments on future banking industry and financial security situation. This article proposed that all evidences at present stage are insufficient to support the view that foreigners will threat financial security through controlling bank market of our country, and in foresee able time the control right of banking industry in our country can obtain the safeguard. At last, this chapter proposes policy suggestions for the opening of banking industry to maintain financial security in our country.

This article presents three innovations as follows:

First, the angle of research is new. This article cuts into financial security problem from the national security and the opening strategy, studies the connotation, level and idea of financial security under the global politic economic background, and constructs a comprehensive financial security research frame based on double angles of financial economy and the financial politics.

Second, this article thoroughly analyzes the motive, the strategy and the political economic constraint of various countries' governments and banks, integrates the scattered theory about banking industry's control right into one unified frame from individual and industrial angles, and elaborates the logical relation among the opening of banking industry, the control rights of the banking industry and financial security, which strengthens the fundamental research's systematic characteristics.

Third, this article establishes an indicator system of judging the degree of banking industry controlled by foreign capital, carries judgment on the banking industry's control right situation at present stage in our country for the first time in domestic, estimates financial security situation's future change tendency, proposes the strategic points to maintain financial security in our country, and gives the corresponding policy suggestions.

目　录

0

导 论

0.1 本书研究的背景

21世纪，金融、贸易和技术的流动变化将决定新时代的政治经济现实，全球化浪潮风起云涌，止不断冲击着民族国家经济主权和现有世界经济格局。金融是现代经济的核心。各国经验表明，过早和过快的金融开放会导致风险急剧增加，而延迟开放又会带来经济效率上的损失，不利于提高金融体系的竞争力。随着加入世界贸易组织过渡期安排的结束，我国金融业全面开放的趋势不可逆转。如何从国家利益出发权衡风险与效率的关系，如何从动态和发展的角度看待金融安全，如何在国家经济安全整体框架下制定金融开放的全面战略始终是新时期我国面临的重大战略课题。以银行为主的间接融资在我国金融体系中占绝对主导地位，因此，在我国银行业新一轮改革开放的背景下研究金融安全问题就凸显出重要的理论与现实意义。我国金融安全问题已引起党和政府的高度关注：2003年10月，中共十六届三中全会通过的《中共中央关于完善社会主义市场经济体制若干问题的决定》明确提出，要“有效防范和化解金融风险”，“健全金融风险监控、预警和处置机制”，“维护金融运行和金融市场的整体稳定，防范系统性风险”。2005年10月，中共十六届五中全会通过的《中共中央关于制定国民经济和社会发展第十一个五年规划的建议》又明确指出，在防范和化解金融风险的基础上，要进一步维护金融稳定和金融安全。

我国的国有商业银行股份制改革都已经按照“注资—改组—上市”的思

路顺利完成，引进境外战略投资者成为其中重要的战略安排。引进战略投资者[①]的目标导向在于改变国有银行投资者主体缺位的弊端，以投资主体多元化作为国有银行公司治理转换的“催化剂”，通过外资参股改善国有银行公司治理结构，全面提升我国银行业的管理技术、风险控制水平、产品创新与服务能力等。从1996年亚洲开发银行入股光大银行以来，部分中资股份制商业银行和城市商业银行也相继引入战略投资者。在国有银行改革基本尘埃落定后，“银行贱卖论”逐渐淡化，而关于引入战略投资者是否威胁中国金融安全的探讨却越来越受到政府、业界和公众的关注。应该说“拿钱买机制”是我国银行业此轮改革开放的初衷，但战略投资者入股中资银行的目的绝不是“掏钱送机制”。目标函数的差异导致战略投资者并不一定意味着是战略合作者，战略投资者的第一要求是盈利，其在华发展是采取竞争扩张战略还是采取主动合作战略，都是基于自身经营特点与全球战略态势的考虑。战略投资者基本都是有影响力的国际活跃银行，由于战略目标不一致，实力不对等，其与中资银行通过股权关联建立的“战略联盟”（Strategic Alliances）并不总是稳定的。入股仅是外资进入的途径之一，而国际活跃银行基于全球战略的任何扩张行为都会给中资银行施加重大压力，甚至可能对我国金融安全造成影响。

2006年12月、2007年5月和12月，中美两国连续举行了三轮举世瞩目的战略经济对话。其中，金融开放是最为核心的议题。美国财政部不断要求中方放宽外资对中资金融机构的持股比例，中方也承诺“中国银监会将于2008年12月31日前在政策评估结论的基础上，就外资持股比例问题提出政策建议”。银行业是关系国计民生的战略性产业，应该说金融安全问题与我国银行业开放整体战略息息相关，而外资进入后我国金融权力的重新配置与分布是这一系列争议的焦点。虽然众多学者都对我国银行业引进战略投资者的问题发表了自己的看法，然而学术界还缺乏研究金融安全与银行业控制权问题的统一理论框架。既然开放是大势所趋，那么，研究“银行业持续、深入的开放是否威胁国家金融安全”就具有很强的理论意义和实践参考价值。

---

① 在没有特殊说明的情况下，“战略投资者”仅指“境外战略投资者”。

0.2 研究思路与逻辑结构

本书的研究主要涉及金融安全、银行业开放与银行业控制权三个方面的问题。本书不只是将上述三方面作为独立的理论问题来研究，更着重研究了三个问题之间的逻辑联系，即在银行业开放进程中，哪些因素影响到银行业控制权？银行业控制权配置状态的改变又怎样影响到国家的金融安全？具体而言，全文体现了如下的逻辑思路：

金融安全问题是一个综合国际政治、经济、文化诸方面的重大课题，如何树立金融安全研究框架本身就是一个理论问题。金融安全的维护是国家安全战略的重要部分，它一方面与系统性风险、金融危机等命题相关，另一方面牵涉到资源配置的权力、金融主权等方面的内容。然而，对安全观的理解本身就根植于不同的哲学认识论基础。在学术界，自由主义论者效率至上的观点与现实主义者地缘冲突的看法针锋相对，说到底金融安全还涉及世界观与价值观的问题。中国社会的价值观在改革开放中不断嬗变发展，在西方新现实主义、新自由主义与全球主义思潮的兴起中，坚持共产主义理想而又肩负两千年来儒家社会道德感的中国人如何给自己定位？如何平衡和谐世界崇高理想与民族国家争斗现实的冲突与矛盾？为了回答上述问题，本书基于对当今国际格局变迁和中国时代特征的理解，大胆提出“新金融安全观”的认识基础和分析框架。

当前，中国金融体制改革进入攻坚阶段，而银行业首当其冲要面临如何制定进一步开放战略的重大抉择。在理论上，我们首先要回答为什么控制金融体系对国家长远发展具有重要意义，而银行业的控制权究竟体现在哪些方面，银行业国际化进程又会如何影响到一国的金融控制权及其核心价值。其次在实证上，本书需要解释外资金融机构的扩张和战略投资者的引进将对我国银行业的控制权造成怎样的影响，在经济全球化的背景下，国际政治因素，特别是大国博弈的态势将会给我国银行业开放战略以及控制权维护带来怎样的影响；在特殊制度约束下，我国银行业应该选择多大开放度和怎样的开放路径才能防范风险和危机，保障国家与民族自身的利益。最后，本书将在回答上述问题的基础上对我国银行业开放战略和控制权形势进行初步判断，并提出关于制定我国银行业控制权与金融安全维护战略的政策建议。

本书的逻辑结构如图 0－1 所示。

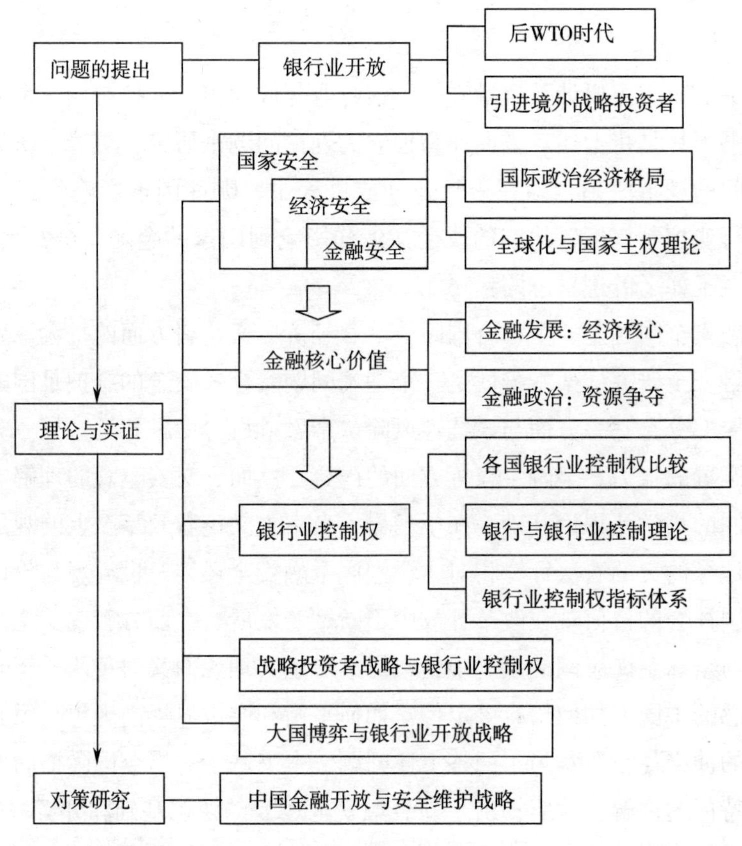

图 0－1　本书逻辑框架图

0.3　研究方法与理论工具

在研究方法上，本书强调理论性与现实性的结合，遵循从提出问题到理论解释再到解决问题的基本范式，实现了历史、现状与推论、逻辑演绎与经验检验、现象归纳与一般理论抽象的相辅相成。

（1）国际比较研究：对新兴市场国家银行业开放进程进行国际比较，重点比较政治文化特征、银行业开放背景以及金融监管要点等内容。

（2）理论研究：在金融安全的分析中，我们更多地用到国际政治经济学的分析范式。现代国际政治经济学对全球化理论、国家主权理论以及国际关系原理的整合对研究跨国经济与政治冲突提供了很好的理论工具。在银行业控制权分析中，本书主要运用了公司治理和产业经济学的相关理论。

（3）事件与案例分析：本书对银行业开放进程中一些标志性事件与典型案例进行了细致的分析，如我国国有银行引进战略投资者案例、典型银行股权改革案例、国际活跃银行并购案例以及新兴市场国家开放案例等。

（4）统计与实证：本书运用描述性统计对大量实证数据进行整理，并在第三章中提出了衡量银行业控制程度的指标体系。

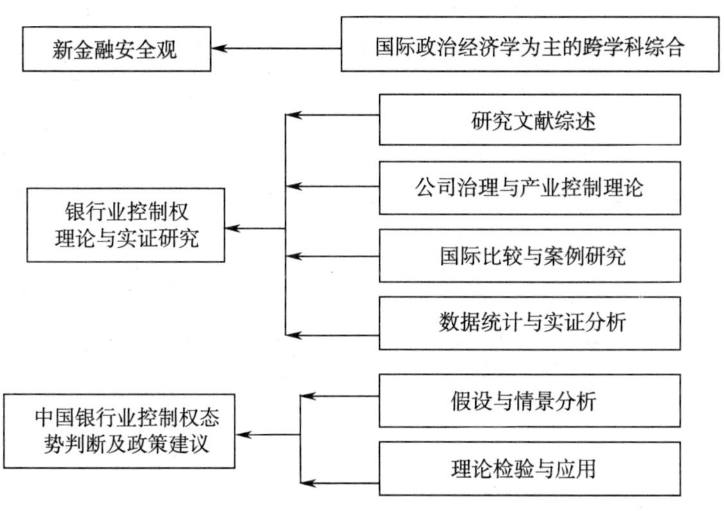

图 0－2 本书基本研究方法

0.4 有待进一步研究的问题

金融安全与银行业控制权问题的研究是非常重要的战略性工作，它综合了国际政治、经济、文化等多方面内容。虽然本书突破古典与新古典经济学的研究范式，尝试性地综合经济学、社会学与国际政治经济学等多方面理论工具来探索银行业开放、控制权与金融安全的逻辑关系，评判我国银行业控制权和金融安全的态势，然而囿于作者学识水平与研究条件的局限，本书仍然存在一些不足之处。

第一，银行业控制权与金融安全问题在概念界定、价值观念及逻辑关系上仍存在着研究盲点与争议。本书一直试图寻求金融安全政治学与经济学分野，然而国际化进程给金融体系带来了综合影响，这些影响的动因与传导途径是综合和盘根错节的。本书仅解释了银行业控制权的争夺对金融主权和安全的影响，如果后续研究能够更多地从国际政治经济综合视角来解析宏观风险和经济危机的形成，将对金融安全课题带来积极的推动。

第二，本书试图从各国政府、监管机构与银行的行为动机、策略及其政治经济约束入手，研究银行业控制权与金融安全的关系问题，给出了控制程度的指标体系，但是没能运用严密的数理逻辑，精确刻画各主体的目标函数和反应函数，构建战略博弈模型。因而，推动银行业控制权理论的系统化和模型化将是后续研究的重点之一。

第三，当前国际政治经济形势波谲云诡，要分析经济活动中外国政府或利益集团的背景和国际银行业市场行为背后是否隐藏政治图谋，最困难的莫过于数据、资料和案例的搜集和解析。本书中虽然运用了大量实证材料，但是准确的第一手数据资料仍然不足，虽然本书初步建立了衡量银行业控制程度的指标体系，但是要给各类指标赋予权重并给出可以度量的函数关系是非常困难的。本书并未就指标之间的逻辑关系与模型的最终设定进行定量分析，也将留待今后进一步研究。

1

全球化时代的金融安全观

金融安全问题是一个综合国际政治、经济、文化诸方面的重大课题。不同的政治制度与经济体制带来了东西方对国家、安全、主权等概念不同的分析逻辑与机理，这根植于东西方不同的哲学认识论基础。安全可以理解为是一种状态，它是客观的、科学化的、可测度的；然而安全也可以理解为是一种理念，它是主观的、人文化的、不可测度的。研究金融安全问题不仅局限于经济学领域，还涉及了世界格局、历史文化、意识形态与地缘利益等方面综合的内容。冷战后，新的国际政治与经济版图处在不断冲突与碰撞中，而全球化是当今时代最鲜明的主旋律。全球化进程冲击着传统的国家主权概念，经济全球化与民族国家①政治区隔的冲突直接导致了国家政治与跨国经济的分离。国家安全、经济安全与金融安全是相互关联的三个层次。经济安全与金融安全是政治概念与经济概念的混合，随着人类社会的发展与进步，我们可以清晰看到有关安全

---

① “民族”一词是19世纪末20世纪初才出现在中国。英语“nation”（民族）与中文的“民族”在语义上有很大不同。在许多场合，中文的“民族”常与种族、国家概念相混淆。民族是以语言、地域、经济生活、传统文化和心理素质为特征的社会共同体。在中文里，“民族”和“国家”是两个完全不同的词。然而，英语的“nation”一词，同时包含有“国家”和“民族”两个含义，而且更强调政治特点。民族属于一定的历史范畴，是人类社会发展到一定历史阶段的产物和组合方式。现代国家要求有“民族”这一概念。“民族”的概念在于强调人民主权以对抗“神权”、“种族主义”和“霸权主义”等。换言之，国家需要“民族”这样一种概念来确定疆土、人口和主权。所以，“民族”和“国家”在概念上紧密相关。民族国家是政治单位，通过共同的价值、历史和象征性行为表达集体的自我意识。在这个意义上说，民族国家是某种特殊的集体身份。

问题的学术研究脉络：对国家的研究从传统领土主权理论向全球化时代国家政体理论发展；对国家安全的研究从以国防为核心的传统安全观向综合政治、经济、军事、文化等各方面因素的综合安全观发展；对国际关系的研究从政治地缘学向经济地缘学发展。经济安全与金融安全是这种转变与发展过程中的新领域和新问题，因此，我们试图以国家安全层面为起始，综观国际政治经济新秩序发展的背景，在文献综述的基础上，阐述中国金融安全观的概念、内涵、层次与分析逻辑。

1.1 金融安全：问题的提出

通常人们在遇到危险或感到有威胁时才会想到安全问题，所以安全概念最基本的特征就是与威胁和危险相关联。在汉语里安全的习惯用法是指一种状态，它有三个含义：没有危险、不受威胁、不出事故。按照韦伯词典关于英语 security 相关词条的解释，一方面亦指安全的状态，即免于危险，没有恐惧；另一方面还有维护安全的含义。二者的基本意思均为不存在威胁和危险。现实主义代表性人物阿诺德·沃尔弗斯（Arnold Wolfers）在《冲突与合作》中指出：安全在客观的意义上表明对所获得价值不存在威胁，在主观的意义上表明不存在这样的价值会受到攻击的恐惧。①

在国外研究文献中，金融安全不是一个内涵清晰的论题，更不具备一套分析严密的逻辑框架。国外文献涉及金融安全的研究集中于风险与金融危机领域，着重于以下几个方面：金融风险度量与管理（BIS，1988，2004）、金融风险传染研究、金融危机理论研究、金融危机的实证研究和预警模型以及金融危机综合治理等。

国内外对金融安全的概念尚无定论。在国外的研究中，较少使用金融安全的概念，而更多地使用了经济安全、金融稳定、金融危机、金融主权、金融稳健等一系列相关的概念。国外对经济安全的界定存在颇多分歧，为此 Mangold（1990）认为没有必要为经济安全下一个明确的定义，因为经济安全与国家利

① Arnold Wolfers，1952：National Security as an Ambiguious Symbol，Political Science Quarterly，Vol. 67，转引自倪世雄：《当代西方国际关系理论》，上海，复旦大学出版社，2001。

益紧密相关，界定过于宽泛，没有实际意义；界定过于狭窄，又易于忽略一些重要的议题。美国国际关系学家 Krause 和 Nye（1975）对经济安全的定义具有代表性："经济福利不受被严重剥夺的威胁。"在少数几篇研究金融领域战略性安全的文献中，西方学者将金融的安全视为经济安全的核心组成部分。例如，亨廷顿列举了西方文明控制世界的 14 个战略要点，控制国际银行体系、控制硬通货、掌握国际资本市场分别列第一项、第二项和第五项，金融安全问题居于最重要的战略地位。[①] Stiglitz 和 Greenwald（2003）将宏观金融运行的安全性问题定义为：第一，金融机构破产的重要性是第一位的，因此，宏观金融决策必须考虑对破产概率的影响。第二，面对危机，特别是在重组金融体系时，国家必须考虑重组对信用流的影响，即重组对整体社会资金运行必将产生某种影响。第三，多市场的一般均衡效应与单一市场的局部均衡效应存在差别，有必要对银行重组的经济和金融效应作全面的前瞻性分析，最大可能地提高金融体系的稳定性。Stiglitz 和 Greenwald 的观点给我们的启示是：金融安全的第一要素是金融机构的破产概率与危机救助。

在 1997 年亚洲金融危机之后，很多国内学者开始关注和研究金融安全问题，并从不同角度给金融安全概念进行界定。王元龙（1998）和梁勇（1999）分别从金融的实质角度和国际关系学角度对金融安全概念进行了界定。王元龙（1998）从金融实质角度认为，所谓金融安全，就是货币资金融通的安全，凡与货币流通及信用直接相关的经济活动都属于金融安全的范畴，一国国际收支和资本流动的各个方面，无论是对外贸易，还是利用外商直接投资、借用外债等都属于金融安全的范畴，其状况直接影响着金融安全。梁勇（1999）从国际关系学角度认为，金融安全是对"核心金融价值"的维护，包括维护价值的实际能力与对此能力的信心。"核心金融价值"是金融本身的"核心价值"，主要表现为金融财富安全、金融制度的维持和金融体系的稳定、正常运行与发展。各种经济问题首先在金融领域中积累，到金融体系无法容纳这些问题时，它们便剧烈地释放出来。金融安全程度的高低取决于国家防范和控制金融风险的能力与市场对这种能力的感觉与态度。因此，国家金融安全是指一国能够抵御内外冲击保持金融制度和金融体系正常运行和发展，即即使受到冲击也能保

① 亨廷顿：《文明的冲突与世界秩序的重建》，中文版，北京，新华出版社，1998。

持本国金融及经济不受重大损害，如金融财富不大量流失，金融制度与金融体系基本保持正常运行和发展的状态，维护这种状态的能力和对这种状态与维护能力的信心与主观感受，以及这种状态和能力所获得的政治、军事与经济的安全。

张幼文（1999）认为，金融安全不等于经济安全，但金融安全是经济安全的必要条件。一方面由于金融在现代市场经济中的命脉地位，由金融系统产生的问题可能迅速成为整体经济的问题；另一方面也由于金融全球化的发展使世界局部金融问题迅速转化为全球性金融问题，从而金融安全成为经济安全的核心。刘沛（2001）认为，金融安全是指一国经济在独立发展道路上，金融运行的动态稳定状况，在此基础上从七个方面对金融稳定状态进行了说明。在前人研究的基础上，王元龙（2004）对金融安全进行了重新界定，金融安全简而言之就是货币资金融通的安全，是指在金融全球化条件下，一国在其金融发展过程中具备抵御国内外各种威胁、侵袭的能力，确保金融体系和金融主权不受侵害，使金融体系保持正常运行与发展的一种态势。刘锡良（2004）认为，从金融功能的正常履行来认识金融安全，可以分成微观、中观和宏观三个层次，金融安全的主体是一国的金融系统；金融安全包括金融资产的安全、金融机构的安全和金融发展的安全。陆磊（2006）认为，对于我国这样的金融转型国家，国家金融安全还存在着更为复杂的内容，往往需要从一般均衡的角度加以认识。

国内外研究表明，金融安全是经济安全的核心组成部分，经济安全的含义更多地和经济危机、国家主权相联系，因此，在金融安全的研究中，学者们更多地借鉴经济安全的研究成果。尽管国内学者在金融安全界定上作出了努力，但这些概念过于抽象，对其内涵和外延界定也颇多争议，导致后续研究变得较为困难。

（1）金融安全的观念与理论基础。金融安全不是一个纯粹的经济学问题，对安全的理解涉及民众的观念或者信仰。究竟现在全球存不存在金融霸权①主义？货币、银行、金融有没有可能成为国际间博弈甚至战争的重要武器？② 这

① 20世纪70年代末，以格拉斯为首的一批美国左派经济学家首先提出了“金融霸权”的概念，金德尔伯格首先将霸权稳定论（Hegemonic Stability Theory）运用到了国际货币合作领域。

② 宋鸿兵的《货币战争》一书掀起一阵讨论此类问题的热潮，然而该书中很多观点值得商榷。

些问题恐怕不是简单逻辑推理和计量分析能够证实的。某些前人的研究假想有一种势力颠覆我们的金融系统，并且认为这个问题在当今中国特别突出。如果假设全球存在金融战争的可能性，那么我们分析问题的角度将会变得非常开放——分析的重点除了风险与安全，还包括所谓金融主权——金融安全包含有政治学研究的东西。梁勇（1999）的研究更多地侧重了国际关系的视角。然而，对金融安全观念的研究只有从国际政治经济的基本理论入手，准确判断现今国际局势与时代特征，才能更好回答前述问题。因此，本章不但要解析金融安全，更大胆提出了“新金融安全观”的分析框架。

（2）金融安全的概念与影响机理。金融安全的概念如何具体化？在通常的研究中，金融安全的概念多借鉴于经济安全概念，但是已有的金融安全概念没有在金融的特殊性上作进一步的挖掘，没有很好体现出货币、信用的本质。要解释清楚金融安全，我们一方面要分析金融系统为什么更具有风险性和脆弱性，为什么现代的经济危机都是首先发端于货币金融领域；另一方面，都说金融是现代经济的核心，那么金融的核心价值到底体现在什么地方？为什么控制金融体系对一国的整体战略来说具有至关重要的意义？就本书研究的主题而言，对金融核心价值与银行业控制权的研究将是重点之一，因为只有在逻辑上将金融安全、核心价值以及控制权的内在联系阐释清楚，才能评估我国金融开放的动态过程对安全领域带来的风险或影响。

（3）金融安全的层次划分。国家安全、经济安全与金融安全是三个不同层次的内容。在以往研究中，学者们研究的金融安全涉及国家战略层面、宏观经济层面和金融体系内部不同层次的问题，分清楚金融安全的层次有助于研究者明确问题的不同性质，以便选择适当的研究方法和理论工具。然而由于以往研究没有定义出金融安全的层次和范围，因此金融安全的外延和内涵一直不清晰。从一般的分析逻辑看，金融系统性风险、金融危机这些金融系统自身的问题属于经济学的传统研究领域，肯定属于金融安全问题。那么，宏观经济层面的风险是不是金融安全问题呢？比如石油等能源衍生品价格波动导致的能源供求问题，它似乎既属于金融安全问题，又属于能源安全问题。更进一步，部分信用关系和资金流动直接涉及国家的政治军事安全，比如司法与反恐行动中的反洗钱问题，战争条件下的金融安排问题，等等。最近有学者研究在虚拟战争条件下如何进行金融管制。① 对于这些问题我们应该如何理解？由此可知，金融安全的定义纷繁复杂，而理清金融安全的结构与层次本身就是一个重要的研究问题。

（4）金融安全状态的测度问题。持续开放中的金融安全状态是不断变化的，这是导致金融安全问题复杂性的主要原因。面对金融开放，我国金融安全问题处于金融风险“双面夹击”阶段，既要在国内经济增长中维护金融安全，又要在金融对外开放中维护金融安全（卢文刚等，2001），如何对金融安全尤其是金融主权的状态进行评估？如何科学地对我国金融安全状态进行预警和监测？因此在对外开放和经济转型的双重约束下对金融安全的状态测度将构成后续研究的重点和难点之一。②

1.2 金融安全研究框架与“新金融安全观”

1.2.1 金融安全的分析视角

金融安全是时代发展衍生出来的新命题，经济安全的研究始于冷战结束之后，而金融安全的探讨则发端于 1997 年亚洲金融危机之后。金融安全观是特定历史发展阶段的产物，是国家安全战略的重要组成部分，它的提出与国际经济环境的变化，特别是经济金融全球化的发展有密切的关系。

在对金融安全问题的解析中，前人的研究成果已经明确地表现出两种不同的研究思路：一是基于金融经济本质的角度，二是基于金融活动对国际关系的影响。其实，这两种分析视角在研究中都是不可或缺的，然而给我们带来困惑的是，金融安全的这两条影响路径虽然可能存在交叉的地方，但是其研究的理论基础不同，研究的问题也不完全在同一层面上。因此，以往的研究总想把金融安全放在统一的理论范式下分析，更多地还是从金融稳定和金融危机的角度来研究问题，很少突破金融经济领域从国家战略的高度来审视金融安全，因而没有得到一个满意的结果。

① 姜波克：《开放条件下的宏观金融稳定与安全：姜波克文选》，上海，复旦大学出版社，2005。

② 刘锡良等在《中国经济转轨时期金融安全问题研究》（2004）一书中对中国金融安全测评指标体系构建与实证研究作了较为前沿的研究。

基于此，本书提出金融安全要从两个视角分析，即经济学视角与政治学视角。

经济学视角的研究重点在于金融风险和危机给安全带来的问题。一方面，金融安全表现为金融财富安全和金融体系的稳定。这意味着金融安全是金融本身的稳定和金融发展的安全，这也是对金融安全最普遍的理解和最常见的金融安全问题。另一方面，基于金融与经济的关系，金融风险的累积和金融危机的爆发也会影响到实质经济层面，可以说金融危机与经济危机没有严格的分界线，金融安全也是经济安全的核心，因此，凡是由金融风险引发的经济问题都应该纳入金融安全的研究范畴。

政治学视角的研究重点在于受金融因素影响的国家“非经济核心价值”，金融开放更多是一种市场行为，但是是否存在国际政治图谋与垄断势力还很难说。因此，金融安全一方面可以表现为国家政治和军事等领域的安全受金融因素影响的程度。这意味着金融安全涵盖了金融领域对国家政治和军事等领域的影响，把金融主权看成是对国家安全的支撑。另一方面，在全球化的今天，金融领域的政策手段已经成为大国博弈的重要工具。金融开放是经济利益与安全的权衡，在争夺世界领导权和影响力的舞台上，金融控制与反控制的博弈是一个重要的砝码。全球政治经济新秩序正在重建的过程中，各国对广义金融安全的解读尤为重要。

1.2.2　金融风险与金融危机：金融经济面

博迪与默顿（1995）给金融下的经典定义是：金融是资源在不确定性条件下的跨期配置。这个定义中反映出典型的经济学思维，其要害在于确定经济研究中的两点内容：不确定性与时间序列性。金融学是经济学的延伸。金融学在经济学基础上新增加的要素，体现了金融的本质特征，即跨期配置带来的时间价值与不确定性带来的风险问题是金融的本质，时间价值和风险带来了社会普遍存在的信用问题。一般而言，风险是指能用数值概率表示的随机性，侧重于不确定性和不确定性引起的不利后果。① 金融的信用特征与风险特征给金融带来所谓的脆弱性（Minsky，1982）。脆弱性是对金融风险客观必然产生、累

① 参见《新帕尔格雷夫经济学大辞典》中关于风险的相关词条。

积、扩散的一种学术化表达：由于单个的金融企业都是经营信用甚至是直接经营风险的单位，普遍具有高负债和高杠杆特征，因而每一个金融企业都可能成为风险的源头。由人们预期改变带来的信心危机很容易给金融体系带来初始冲击，而金融体系千丝万缕的交易联系会使风险在体系内传染，使整个金融体系具有脆弱性的特征。单个的金融风险并不足以使一个国家的金融体系受到很大损害，只有当单个风险迅速扩大及转移扩散演变成全局性和战略性风险，对金融体系的功能发挥造成重大影响时才能威胁到金融安全。

金融稳定当局关注的焦点是宏观的系统性风险，它们试图弄清楚影响稳定的潜在威胁（英格兰银行第 17 期《金融稳定报告》）。中国人民银行《中国金融稳定报告（2005）》强调金融体系的整体稳定及其关键功能的正常发挥，注重防止金融风险跨行业、跨市场、跨地区传染，核心是防范系统性风险。“系统性风险”就是指一个事件在一连串的机构和市场构成的系统中引起一系列连续损失的可能性（Kaufman，1995）。金融危机是金融体系系统性风险爆发的极端情况，而金融危机是危害国家金融安全的最主要途径（刘锡良，2004）。金融危机是发生在货币与信用领域的危机。在西方经济学中，对金融危机的含义有多种表述，但最具代表性的是《新帕尔格雷夫经济学大辞典》中对金融危机的定义：“全部或大部分金融指标——短期利率、资产（证券、房地产、土地）价格、商业破产数和金融机构倒闭数的急剧、短暂和超周期的恶化。”金融危机的特征是基于预期资产价格下降而大量抛出不动产或长期金融资产。金融危机一般具体表现为货币危机、债务危机与银行危机。实际上，金融危机是指一个国家的金融领域已经发生了严重的混乱和动荡，并在事实上对该国银行体系、货币金融市场、对外贸易、国际收支乃至整个国民经济造成了灾难性的影响。金融安全的反义词是金融不安全，但绝不仅仅局限于金融危机的爆发。金融危机根源于金融风险的集聚，是危害金融安全的极端表现，是金融不安全状况累积的爆发结果。

对金融危机的研究一直是传统金融安全研究领域的核心问题。具体而言，国际金融危机的理论研究始于 18 世纪早期。古典经济学也曾论及金融危机问题。1929 ~ 1933 年资本主义世界的大危机，引发了经济学界金融危机理论探讨的第一次热潮。在解释当代金融危机的理论模型中，金融脆弱或不稳定模型占有重要地位。金融脆弱理论源于 20 世纪 30 年代费雪的开创性研究；70 年代中期由 Minsky（1975）等人在费雪研究的基础上发展而成，用以阐述金融系统由稳定到不稳定和产生危机的原理与机制；80 年代以后，佩多安等将其扩展到国际金融领域，用以解释国际金融危机特别是国际债务危机的形成过程。其将企业、银行的流动性问题置于研究的中心，并结合经济周期发展进程解释金融脆弱和金融危机。20 世纪 80 年代以后，随着金融全球化的深入和世界范围内的货币危机的频繁出现，有关金融危机及金融安全的话题再次成为理论研究的热点，并成为政府及监管当局的首要关注问题，其中包括逐步演进的三代货币危机模型以及大量实证性的经济计量分析：Krugman（1979）、Flood 和 Garber（1984）为代表的第一代投机攻击模型；20 世纪 90 年代中期以解释欧洲货币体系（EMS）自我实现危机的第二代“逃跑规则”；Irwin 和 Vines（1999）合理吸收 Krugman（1998）、Dooley（1993）和 Sachs（1998）的研究成果，归纳总结出较具有代表性的第三代危机模型。我国学术界对金融危机的研究基本上是在亚洲金融危机后才起步的。多年来国内出版的金融危机研究专著已有数十部，国内的研究论文则数不胜数。从总体来看，国内外同类课题的研究一般针对危机起源国进行个案研究，针对区域的研究和国别与区域的比较研究，或者根据一般观察和理论构建模型或危机指数，运用计量分析加以拟合，确认引起危机的主要因素；研究的结论大多归结为危机中心国（地区）的经济、金融脆弱或政策失误，提出对国际投机问题要给予重视，并对国际货币基金组织和国际货币体系存在的问题提出批评。

综上所述，金融风险与金融安全密切相关，金融风险的产生构成对金融安全的威胁，金融风险的积累和爆发造成对金融安全的损害，对金融风险的防范是对金融安全维护的重要方面。但是，金融风险与金融安全既有联系又相互区别。金融风险主要从结果不确定性的角度来探讨风险产生和防范问题，而金融安全则主要从保持金融体系运行与发展的角度来探讨宏观威胁与侵袭来自何方以及如何消除。上述由金融风险机制引发的金融安全问题，发端于金融的经济学特征，经济学范围内的金融问题研究，符合在严格假设条件下逻辑推理的研究范式。因此，对金融风险机制的研究体现了客观的、科学化的特点。也可以说金融的风险面更多地代表了金融安全纯粹经济学层面的研究内容。在这个层面上，我们归纳的金融风险从微观到宏观的演化过程如图 1－1 所示。

然而，现有研究太过局限于金融风险与金融危机形成机制的研究，尚未充

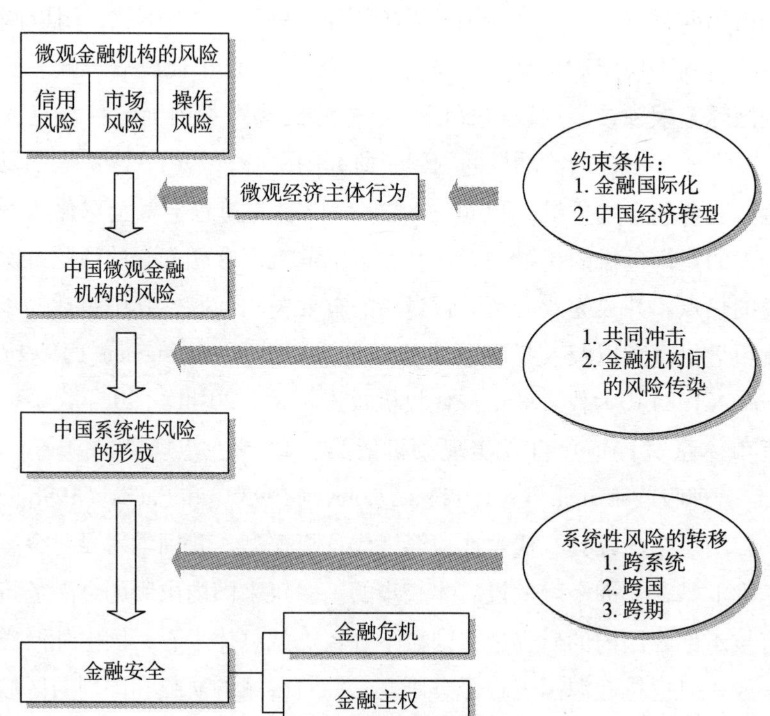

图 1－1　系统性风险生成与集聚的机理图

分结合经济全球化与国家或超国家利益集团的权力博弈关系进行研究，没有深入国际金融危机背后的国际政治经济因素。对于金融安全问题的研究超出了新古典经济学的研究范畴，因此，单纯自由主义的经济学研究方法存在局限性，研究结果不具有普遍的说服力。早在 19 世纪中后期，马克思和恩格斯就对自由竞争阶段资本主义经济危机和金融危机进行了科学的分析和阐述。马克思主义的研究是基于经济现象本质的系统，不截然分割经济现象与政治背景的关系，着重于不同阶级、不同国家群体之间的生产关系以及各自在这个世界经济结构中所处的相对地位；沿着政治经济学的研究思路，现代国际政治经济学的学者在看待金融安全问题的时候，就更看重金融安全的另外一个侧面，即金融的权力面。国际金融体系的权力格局动态变化，是经济全球化发展过程中金融危机发生与金融安全威胁的根源之一。特别是像中国这样的发展中大国，深刻认识当今世界经济关系与金融体系中的权力结构，这对防范金融危机，把握经济改革与对外开放的大局，显然具有重要的现实意义。

1.2.3 资源争夺与金融主权：金融政治面

全球发展的经济与政治动力是纵横交错的，国家与国家联盟间的竞争与合作就是为了增加各自的财富，经济实力的增强可以增加一国在国际政治中的影响力，反过来看，一个政治军事大国又可以通过政策实施来攫取更多的经济利益。全球范围内财富与资源的不均衡分布决定了世界格局的存在与动态变化。其中经济与政治资源成为国家处理与他国关系时的基本出发点。政治与经济变革之间的关系及其对全球和国内政治、市场与生产活动产生的影响直接牵涉到了主权国家的权力与安全问题。

一国的安全与对外政策都依赖于其经济、政治和军事力量，一国可资利用的所有经济资源构成了该国在国际环境中经济、政治和军事力量的基础。权力被认为是国际政治交往的一种基本形式，政府与其他国际关系行为体通过它来实现其国内与对外政策目标。① 而国际上的行为体除了主权国家以外，还有国际权力格局中的跨国公司、政府间国际组织以及非政府间国际组织。经济力量是一国在与其他国家或者国家集团联系中所具备的绝对和相对的经济优势。随着全球化进程的深入，各国经济的关联度越来越高，这给世界经济合作带来了机会，给各国社会提供了摆脱经济困境的机会。然而，发展中国家也普遍认为，在经济全球化的背后，由美国及其创立的国际机制主导的国际经济关系使世界各国的经济有意或者无意地听命于美国政府或财团的安排，而世界经济的命运主要取决于西方发达国家市场的兴衰。从这个意义上讲，经济力量与经济政策本身也是权力体现的重要手段，而发达国家在经济全球化过程中，被认为普遍滥用了这种权力。

金融是现代经济的核心，金融的两大核心功能，一是促进储蓄向投资的转化，在时间和空间维度配置资源；二是管理或者经营风险的功能。金融的信用特征与杠杆效应带来了经济的虚拟性：它一方面给世界经济带来了脆弱性，但是从另一个意义来说，金融实际上是赋予了实体经济力量的放大效应。古希腊哲学家阿基米得曾经说过一句话："给我一个支点，我将撬动起地球。"当今

① Rothgeb, 1993: Defending Power: Influence & Force in the Contemporary International System , Vhps Distribution, pp. 13 – 29.

世界，金融就是这样一个支点。货币机制、资本流动的变化牵动各个国家的神经，国际金融结构的发展趋势已经创造了一种由财富所有者主导的资本中心交织的网络。在新世纪到来的时候，少数几种资产价格的波动性成为世界各国政要、国际企业、普通投资者关注的焦点，这是以往各个世纪很难出现的一种现象。

出现这种情况的原因来自于金融全球化的浪潮，有学者称：20 世纪八九十年代见证了“地理的终结”。[①] 信息技术、产品创新与全球市场客户观念的突飞猛进使得金融服务跨越了国界；金融市场的一体化、大额国际资本流动削弱了国家经济主权，同样给政府管理与投资者经营带来了混乱甚至是挫折。既然金融对世界财富具有强大的支配力，控制金融体系就等于控制了经济的命脉，那么，金融政策本身也如同一种资源争夺的武器，体现国与国权力的斗争。

虽然金融全球化要求国际上建立以互信为基础的多边金融机制，然而发达国家政府和跨国公司并没有过多地考虑资源的合理配置与公正分配。政治上缺乏互信的事实导致现实世界中众多国家采用民族主义的重商主义金融政策，这也加剧了国际金融体系的不稳定和混乱。苏珊·斯特兰奇指出，国际政治经济中的政治和经济权力主要包括主导国际货币体系的权力，以及政府与银行创建信用的权力。现今世界政治经济中的金融体系是几个世纪以来历史累积演进的结果。[②] 中心国家——西方先期工业化经济体——美国、西欧与日本，历史上就曾通过经济力量超越国界对国际金融体系施加了不对称的政治影响。而暂时处在世界边缘结构中的新兴国家，诸如巴西、阿根廷、墨西哥、韩国、马来西亚等国家为了获取信用和投资，通过占主导地位的政府和银行体系，融入全球金融体系；但是这些发展中国家的发展依赖于发达国家的国际货币与跨国公司的投资，金融全球化以及对金融危机的国际反应始终没有办法独立于政治与权

① Richard O'Brien，1992：Global Financial Integrational：The End of Geography，London：The Royal Institute of International Affaris；当代法国哲学家保罗·维威里奥（Paul Virilio）也提出“地理的终结”的观点。

② 苏珊·斯特兰奇：《国家与市场：国际政治经济学导论》，中文版，北京，经济科学出版社，1990。

力结构而进行操作。① 在金融领域，中心—边缘的结构关系异常明显。

金融全球化的进程在过去一直是美国霸权主导，墨西哥与亚洲经济危机集中体现了霸权对于世界经济发挥的或正或负的关键性功能。美国主导的国际金融秩序导致了金融资源的地区间不平等分布，而跨国公司和跨国银行被很多人看做是强国金融渗透甚至侵略的排头兵。由美国领导的世界主要国家主导成立诸如世界银行、国际货币基金组织和国际清算银行等超国家金融实体，试图在全球建立起以美元为国际币值的、适用于西方货币金融规则的国际标准，来避免20世纪30年代以来的金融危机；然而，这些试图作为“世界中央银行”或者“国际最后贷款人”的金融机构，也很难不受地缘政治因素的左右，因此它们经常受到来自各方面的批评。

金融领域的权力竞争是各个国家或经济体之间综合实力的较量，当这种竞争发展到极端的时候甚至会爆发“金融战”。金融战是国际经济战争的主要形式之一。杨斌（2000）剖析了威胁中国的隐蔽经济金融战争。他从国际政治和经济金融的全新视角深刻分析了出现令人可疑现象的根源，乃是美国出于谋求霸权的战略利益动机，暗中采取了国际地缘政治权谋之术巧妙利用市场经济规律作为破坏力量，操纵国际经济组织推荐破坏性改革药方，设置改革陷阱，人为制造经济金融危机来打击国际对手谋求建立世界霸权秩序。周虎（2002）分析了国际资源争夺中的金融战。他认为，在经济全球化的大势下，一国金融实力的大小直接决定该国对国际资源利用水平的高低，金融战的实质是国际资源争夺。这对于西方资源消费国尤其是美国具有深远的战略意义，而对于面临“资源困局”与“金融窘境”的东亚则有着重要启示。金融寡头是国际资源争夺的突出主体；并购是国际资源争夺的重要手段；定价权是国际资源争夺的主要目标；金融全球化是国际资源争夺的时代背景。

随着我国金融国际化程度的提高，中国经济的国际影响力日渐突出，中国经济的开放与崛起已经成为国际学术界争论的焦点。国际金融的权力格局直接关系着我国的金融安全与国家根本利益。在金融全球化的浪潮中，中国要能够参与利益和权力的再分配，争夺应有的权威与国际地位，并且防范其他国家敌

---

① 皮尔逊等：《国际政治经济学：全球体系中的冲突与合作》，中文版，北京，北京大学出版社，2006。

意的金融控制，就必须从国际政治外交、国家金融建设及其竞争策略等层面来制订动态战略规划。周立（2006）研究了中国和平崛起的经济金融安全问题，他从外部性的角度分析了“中国威胁论”和“中国机遇论”，并提出利用外部性来维护国家经济金融安全。中国在崛起的过程中，应力图减少以“中国威胁论”为主的负外部性影响；充分利用和宣扬以“中国机遇论”为主的正外部性影响，以保障国家经济安全，特别是金融安全。

综上所述，金融安全的重要方面是一国对关键资源的支配和控制问题，即金融权力问题。随着经济金融化和经济全球化程度不断提高，全球金融体系中蕴涵着巨大的能量，金融活动的主体在全球政治经济决策中拥有了相当大的权力。宏观金融领域的核心权力主要指国家及其代表性集团控制整个金融体系的能力，表现为保持国内金融运行和金融发展的控制权与主导权。国内外研究文献一般从主权的角度出发研究金融安全，将其视为经济安全的核心部分。对主权和权力的研究属于国际关系学的框架，因此我们也不难理解国外学者多认为所谓金融安全应该属于政治学的研究范畴的原因。

1.2.4 “新金融安全观”的提出

安全在客观的意义上表明对所获得价值不存在威胁，在主观的意义上表明不存在这样的价值会受到攻击的恐惧。因此，金融安全是一个结合了主观与客观、价值判断与事实判断的概念，它根植于一种观念或信仰。不同政治经济学流派对安全与主权问题的认识体现出不同的价值规范与分析逻辑①，而中共中央根据新世纪的国际形势，提出了“新安全观”的原则立场。② 基于这样的认识，我们对金融安全的研究也应该上升到“金融安全观”的高度。本书之所以提出“新金融安全观”的论述，并不是基于前人“旧金融安全观”的革新，因为过往文献中还没有专门针对“金融安全观”的阐述。不同政治经济学流派对金融安全有不同的认识角度，而所谓“新金融安全观”则是不同于这几种认识的观点。

---

① 对主权与安全理论渊源的阐述请见本章附录一。

② 2002 年 7 月 31 日，参加东盟地区论坛外长会议的中国代表团向大会提交了《中方关于新安全观的立场文件》，文件于 8 月 6 日正式颁布，全面系统地阐述了中方在新形势下的安全观念和政策主张。“互信、互利、平等、协作”是“新安全观”的核心内容。详细解析请见本章附录二。

（1）“自由”的金融安全观。经济自由主义者通常把金融安全看成是纯粹的经济学问题。他们认为，金融安全只涵盖市场风险与金融危机的范畴，金融是否安全仅仅取决于金融体系的效率与稳定，经济学家没有必要研究主权意义上的金融安全。对于金融控制权问题，自由经济的观点认为，只要是控制权配置的改变带来了帕累托改进，无所谓由谁控制。当然，中东欧部分国家银行系统的私有化和国际化变革为这种观点提供了一定的证据，因为这些银行体系的外资实际控制率超过了70%，同时银行效率确实得到了改善。自由的金融安全观在西方发达国家很有市场，但是在广大发展中国家，它的信众却是寥寥无几。

（2）“现实”的金融安全观。政治现实主义者超越了经济学范畴来看待金融世界，现实主义的代表性研究是吉尔平提出的“一切以国家为中心”的分析逻辑。现实主义强调金融活动涉及权力分配与利益冲突的问题，而金融安全的重心就在于此。现实主义告诉我们，金融的控制权掌握在不同主体手上是有很大差别的，丧失国家金融主权的后果不光会导致利益盘剥和欺辱，而自身惶惶的不安全状态本身就是很大的安全问题。通过前文的分析，我们发现较多人能够接受现实主义的观点，然而现实主义是自利与实用的，国家间无政府状态的主张不符合“全球治理”的发展趋向。

（3）“依附”的金融安全观。“依附论”观点认为帝国主义操纵的世界是弱肉强食的战场。在这种观念的主导下，金融安全就是一个很极端的问题，可以说金融就是战争。金融帝国主义是否真的存在？如果存在，它影响世界的程度有多深？很难有一个确切的答案。在全球化的今天，较极端的依附观点还是在很多发展中国家流传，特别是那些经历了经济危机的国家。大多数东南亚国家将1997年亚洲金融危机归咎于外国投机商操纵货币投机，甚至认为这是西方国家针对东盟的一次阴谋。马哈蒂尔在很多场合都猛烈抨击乔治·索罗斯是“罪犯”和“白痴”。不仅如此，他还声称索罗斯对货币的攻击是其针对东南亚的“犹太计划”的一部分。

“新金融安全观”不同于以上几种观念，我们认为金融安全是一个现实命题，它既包含经济方面也包含政治方面。本书提出的所谓“新金融安全观”，应该包括分析要素（Analytical Elements）和规范要素（Normative Elements）

两部分。① 在分析金融安全问题的时候，我们应该坚持“以国家为中心”的现实的分析视角，特别是在涉及国家主权的部分，不能舍弃现实主义的分析手段；然而在规范要素上，中国学者则应该以中共中央提出的“互信、互利、平等、协作”为核心内容的“新安全观”为基本价值取向。

中共中央提出的“新安全观”是与“和谐世界”的主张一脉相承的，讨论的是人类社会终极走向，因此它带有理想主义的色彩。“新安全观”要彰显的是一种大国“有容乃大”的气质和肚量，但它并不与“国家中心”的分析视角矛盾，因为金融安全的提出本来就是以一国为基本研究单位。本书关于银行业控制权的研究是基于“以国家为中心”的分析视角，作者在研究过程中秉承了上述“新金融安全观”的思维模式。②

基于这样的认识，本书尝试性地给出金融安全的定义。国家安全、经济安全与金融安全是相互关联的三个层次。国家安全是国际关系学的概念，主要是指对国家“核心价值”的维护。金融安全的维护在国家安全战略中处于核心地位。③ 因此，金融安全是一个高度综合的概念，一般与金融国际化交织在一起，与金融危机、金融主权密切相关。它体现为一国金融体系的稳定运行状态，关键在于核心金融价值的维护，根本取决于一国政府维护或控制金融体系的能力和一国金融机构的竞争能力。其中，单个的金融风险不足以影响到一国金融体系的正常运行，只有当单个风险迅速扩大、转移和扩散演变成系统性风险，才能对金融体系造成重大影响，进而威胁到金融安全。金融危机是危害金融安全的极端表现，而金融主权则是国家维护金融安全的重要基础。金融主权分为核心主权与非核心主权，金融开放的过程也是金融非核心主权不断被分享

---

① 吉尔平最近研究提出，各政治经济学流派提出的理论不止是一种分析手段，它们都可能包括分析要素和规范要素两部分。详细解析请见本章附录一。

② “新金融安全观”包含了价值规范与分析要素两方面内容。理想主义与现实问题的融合具有非凡的意义，其类似于中国传统文化中对“道”和“术”的理解。“行正道”是人类的价值规范，然而“法术”的本身则包含有“兵者，诡道”的意味。人的观念根植于人性，我们也可以从人性来解释这种矛盾。费尔巴哈在《基督教的本质》一书中将人的本质归结为理性、情感和意志。基于现实约束的理性分析是为人称道的，但它并不是人的全部，因为现实的理性让我们看到冲突、残忍和荒唐，完美的世界只能在情感世界中出现。因此，理性似乎更多表现为一种分析要素；而很多人的行为不是完全基于理性的，他们是更忠于自己理想的人。

③ 值得注意的是，2006 年 12 月发表的《中国国防白皮书》在涉及中国国家安全的部分重点强调“我国金融方面的安全问题在上升”。

的一个过程。

提出金融国际化可能带来的金融主权问题并不表示我们反对实行开放战略与政策，因为国家政府的目标函数中不仅仅是安全因素，还有更重要的发展与增长因素，况且安全的目标函数中本身就包括了发展因素。正如美国国际关系学家麦克纳马拉所言："安全就是发展，没有发展就没有安全可言，发展可以促进安全程度的提高。"① 我们认为，在国家层面，金融体系的风险收益准则和一国金融资源控制权配置本身就是不可分开看待的。如果只是牢牢掌握着金融资源的控制权，而体系内部存在诸多弊端和风险隐患，金融不能为国家经济发展提供足够支持，那么这并不是真正的金融安全；反之，仅仅片面考虑金融业的市场环境与经济效益，而导致金融资源的控制权旁落，这肯定也会威胁到国家金融安全。在金融国际化的大背景下，金融的开放就必然伴随着开放国对于金融运行效率改善的期望与金融控制权丧失的风险之间的艰难平衡。

1.3 金融主权与金融控制权

1.3.1 经济全球化与国家经济主权的分享

（1）主权与经济主权。研究国家层面的安全问题最不能回避的概念是"国家"和"国家主权"。《牛津法律大辞典》（中译本，1988）中定义的"国家"概念是生活在地球表面特定部分、在法律上组织起来并具有自己政府的人的联合。其中，人是国家组织的基础单元。现代国家概念产生于资产阶级革命时期，欧洲神权衰落和文艺复兴促成欧洲民族国家的兴起，1648 年《威斯特伐利亚和平条约》承认每个主权国家在其领土范围内享有主权。而洛克、霍布斯、孟德斯鸠、卢梭、潘恩等思想家从人本意识与契约观念的角度出发阐述了现代国家的概念：国家是社会个人和社会团体为共存相互契约的结果，契约是社会每个个人自然权利相互让渡后的结合。这种结合的最高的表现是人民权；而国家主权是人民权的外观形式。法国著名重商主义学者让·博丹（1576）在其著述《论共和国》中第一次明确提出了近代主权概念。他们的上

① McNamara，1968：The Essence of Security，New York，Harper and Row.

述理论对后来国家观念及作为国际法基础理论的关于“国家基本权利”理论原则的形成产生了决定性的影响。《牛津法律大辞典》定义的“国家主权”是国家根据国际法所享有的必需的最为重要的权利；是国家基本权利；国家享有这种权利才被承认为国家。因此，国家主权是国家的最基本的属性。国家由其自然权利可以引申出四种基本权利：一是独立权；二是平等权；三是自保权；四是对内最高管辖权。这四大权利实际上分为内外两部分权利。张文木(2000）提出，“国家”与“国家主权”是“国家安全”概念产生和发展的认识原点。主权中的“自保权”与由此引出的“国家安全”概念之间有着内在的逻辑联系。国家安全的最高目标是保卫国家。而主权的最高表现则是保卫国家的生存权和发展权。国家安全本来是国际关系学的概念。国家安全是指对国家“核心价值”的维护，具体内容包括保持国家统一和领土完整、内外经济正常运行、制度和统治不受外部力量干扰的状态，维护这种状态的能力，以及人民对维护这种状态能力的信心和主观感觉（梁勇，1999)。

冷战以后，各国的安全观念与政策从以军事安全为主体的传统安全观向以政治、经济、文化、外交、国防等多方面多层次的综合安全观演进，国家主权的独立性、自主性和排他性的倾向进一步加强，经济主权作为国家主权在经济领域的表现，是主权理论从政治维度延展至经济维度的必然结果。在这种趋势下，经济主权成为国家主权的核心部分。

(2）全球化对主权的冲击。经济全球化是人类社会全球化进程中的最明显、最基本的内容。它以跨国公司的发展、资本的跨国运动、国际贸易的加强、网络经济的兴起等为特征。但在既有的世界体系中，民族国家的主权界限是十分清晰的长期历史发展的结果，使特定地域空间上的人们将自己生存空间的利益统统置于特定国经济主权的庇护之下，使得特定的主权与特定的社会活动和利益相融在一起。捍卫自己民族国家独立性的主权特征，恰恰成为经济全球化推进过程中的最大障碍，因而冲击民族国家的经济主权必然成为经济全球化过程的显著现象(索罗斯，2001，2003)。徐开金（2002）提出，由发达国家首先兴起的新一轮经济全球化浪潮势不可挡，必然冲击各主权国家的经济主权，构成与各国经济主权互动的特殊关系，所谓经济主权分享，就是指参与经济全球化过程中的民族国家，为追求其国家利益，让渡自己部分经济主权的现象。经济主权的分让可以分为空间分让（特定的生存发展空间）与权能分让（所有权、生产经营权、经济法则制定权、经济利益分配权等）。独立的主权在与人分享时，对被分享的主权来说就构成了一种安全威胁，而这些都是一国采取全球化战略后的必然现象。发展中国家愿意主权分享的原因，正如德国经济学家觉特拉赫（1995）所说，全球化使许多发展中国家增加了从经济上把本国发展成为工业化国家的机会。因此，它们不拒斥全球化，即使全球化充满风险，它们还是愿意把自己的独立主权有限制地、部分地与外来经济形式或组织分享。

亚洲金融危机之后，国家经济安全引起了我国政府、学术界、公众的广泛关注，掀起了有关经济安全问题的研究热潮。国内外的研究在思考经济安全问题时更多地立足于经济主权的视角。在核心经济主权被进一步强化的同时，经济的全球化与开放进程也是附属经济主权不断被分享的过程。在全球化时代背景下，哪些主权属于核心主权，主权能够分享到何种程度，等等，都是很现实的课题。每个时代都有其显著的经济特征，主权的内容与观念随着时代变迁而变化，核心主权应该是在观念上最为根本、在时间上相对稳定的主权。只要牢牢控制了核心主权，非核心主权的行使方式则可灵活多样。

1.3.2 四维度的金融主权

与经济主权相对应，我们把金融主权定义为一国享有独立自主地处理一切对内对外金融事务的权力，即表现为国家对金融体系的控制权与主导权。同样，经济、金融主权也有核心主权和非核心主权之分。核心金融主权是指关系国家发展战略、经济命脉和基本制度的金融权力。按金融的性质来分解，金融主权可以概括为货币主权、金融机构控制权、金融市场定价权和金融调控独立决策权四个维度。这四个维度之间具有广泛联系与相互作用机制，其根本权力都属于核心范围，对这些权力的分享只能是在有限的尺度以内。

（1）货币主权。一切经济活动最终都表现为货币问题，货币象征着一个国家的金融主权，在政治经济生活中处于十分重要的地位。有关货币的问题从来就不是纯粹的经济问题。由于它代表着财富，其中往往掺杂着大量与利益分配有关的权力斗争。迄今为止的国际货币体系全都呈现出中心—边缘结构，货币非领土化的趋势越来越清楚地反映出货币之间的竞争和权力再分配，货币替代和货币联盟在世界范围内广泛存在，这些都是对一国货币主权的挑战。Benjamin（1997）指出，中心国家通过输出通货掌控国际金融与贸易，获得实体经济的收益以及铸币税的好处；然而大多数国家的政策独立性在一定程度上被削弱，在政治经济上都承受了损失。国际货币体系演进的历史表明，国际货币中心—边缘的结构具有动态演进的特征，它取决于主要大国之间的相对实力变化。Goodhart（1998）[①] 提出了“货币即权力”的论断；金融历史学家 Ferguson（2002）[②] 从 1700～2000 年的历史发展中梳理了货币与权力的关系，发现政治斗争决定了金融和经济安排，而不是常识所认为的经济发展导致了金融和政治制度变革。货币在跨越国界，涉及国与国之间货币比价的汇率问题时，便越来越紧密地与国际政治等非经济因素联系在一起，此时仍然拘泥于理性人假设背景下抽象的纯经济学理论分析，当然对汇率决定难以得出一个符合现实的完美的解释。汇率究其本质，从来就不只是“客观”的货币比价反映，而是各利益集团和国家之间为争夺对自己有利的选择而进行斗争和折中的结果。因此，从政治学的角度出发，汇率的决定实际上是国内和国际两个层次博弈的结果，从某种意义上甚至可以说国与国之间的政治博弈对一国的汇率制度选择会产生决定性的影响。因此，经典的汇率决定理论和模型在解释和预测汇率波动方面表现出相当大缺陷和预测效果较差的主要原因之一就是对政治因素的忽略（Blomberg and Hess，1997）。

随着人民币国际化程度的提高，人民币的权威与国际影响力日渐突出，人民币国际化已经成为国际学术界争论的焦点。从国际货币竞争的发展来看，国际货币体系在很长一段时间内都将由几种国际货币主导，而不会形成单一货币垄断的局面。人民币国际化的目标导向在于成为多极化货币体系中的一极，在权力的再分配中争夺应有的权威与国际地位。而在国际化进程中，人民币必将遭遇其他货币的竞争与挑战。货币的竞争就是国家综合实力的竞争，它直接关系着我国的金融安全与国家根本利益。人民币要在世界格局中占据一席之地，我国政府就必须从国际政治外交、国家经济金融、货币建设及其竞争策略等层面来制订动态战略规划。

（2）金融机构控制权。金融安全问题的关键是对一国“核心金融价值”

---

① Goodhart, Charles A. E., 1998: The Two Concepts of Money: Implications for the Analysis of Optimal Currency Areas, European Journal of Political Economy, Vol. 14.

② Niall Ferguson, 2002: Cash Nexus: Money and Politics in Modern World 1700 - 2000, Penguin Books Ltd.

的维护，何谓一国的核心金融价值呢？金融是现代经济的核心，金融体系的运转很大程度决定经济资源的配置。一国核心金融价值的维护主要表现为国家对资源配置能力的掌控，在某些极端状况下，政府甚至要具有完全控制和调动全国金融资源的能力。显然，这种能力是通过金融的功能来体现的。从金融功能观（Merton and Bodie，1995）的角度出发，我们可以把基于金融核心价值的金融安全问题理解为对金融资源配置能力的控制权。而金融配置社会资源的功能是由金融机构通过市场来完成的。金融机构或者金融产业的控制权是关乎金融安全最紧要的权力。所有权和控制权是两种不同的概念，对银行的控制权并不一定由所有权决定。金融资源控制权既包括通过多数股权或者其他方式控制金融机构，也包括控制开设金融机构的权力以及对金融机构的经营行为施加影响的能力，即政府对金融业规制的能力。

关于金融机构控制权争夺的论争，在我国新一轮银行业改革与引进战略投资者过程中成为举世瞩目的焦点。某些学者认为，境外资本入股中国金融企业，除了追逐利润这一资本的本质特性外，其更长远的目标是要控制中国的金融企业和金融产业，最终达到控制中国经济的目的，从而瓜分中国的经济资源及其所创造的财富。① 当然，就现在的开放程度看来，上述说法有耸人听闻的嫌疑，然而鉴于新中国成立前的历史教训与当今一些国际经验，学者们对于我国丧失金融控制权的担忧也不无道理。随着我国金融业的开放程度越来越高，我国金融机构控制权的博弈也会愈演愈烈，关于金融安全与金融主权的争论也会越来越被人们所重视。

（3）金融市场定价权。一国国内金融产品的定价权是金融主权的重要部分。价格是市场经济最重要的信号，也是决定消费和资源配置最重要的风向标。拥有定价权就几乎等于拥有整个市场。由于国际金融市场的深入发展，货币价格（利率和汇率）本身就能够牵动所有商品价格的变化，因此，谁掌握了金融市场价格的话语权，谁就成为资产价格体系标准的制定者。一国金融市场的发展程度和主导权归属是影响金融商品与非金融商品定价权的重要因素。

从国际现状看，现在国际主要商品的价格，主要是由伦敦、纽约、芝加哥等全球几大国际金融中心定出来的。当前，周边多个市场正瞄准我国金融衍生

---

① 余云辉、骆德明：《谁将掌控中国的金融》，载《上海证券报》，2005－10－25。

品市场的巨大发展潜力，纷纷推出针对我国的金融期货品种。新加坡交易所于2006年9月5日推出全球首只以中国A股市场指数为标的的新华富时中国A50指数期货，2006年8月27日，芝加哥商业交易所（CME）推出人民币对美元、人民币对欧元和人民币对日元的期货期权，同时，芝加哥商业交易所（CME）于2007年5月20日推出新华富时中国25股指期货迷你合约，中国香港交易所也于2007年4月16日推出H股金融指数期货。[①] 金融期货被境外交易所抢先推出，必然会对国际资金产生一定的吸引力，并在价格的形成机制中抢占先机。倘若不加以重视，不仅会失去已有的指数资源，还会在新的国际竞争中被国际上其他期货市场挤到边缘化的不利境地，甚至威胁到我国金融体系的稳定和国家经济的安全。巴曙松（2006）认为，中国经济的快速增长决定了在未来很长一段时间内对于能源和大宗原材料需求的持续走高，在这种背景下，如何拥有一个健全、活跃的衍生品市场，从而掌握在大宗商品定价上的主动权显得尤为重要。

（4）金融调控独立决策权。随着金融全球化的发展，各国在金融领域越来越依赖并求助于国际金融组织的协调，这些组织利用其所具有的职权不断地对发展中国家（尤其是因发生金融危机而需要援助的发展中国家）施加影响，这在一定程度上对这些国家的金融主权形成了冲击和影响，特别是对制度差异很大的新兴国家来说，将不可避免地带来金融风险。国际货币基金组织在处理金融危机的实践中，往往对被援助的成员国金融主权进行干涉，以不予拨款及不合作等相威胁，强迫别国接受基于自由化立场的改革措施和进程，迫使这些成员国放弃部分金融主权。这种现象的出现是金融霸权的体现。中心国家掌握着全球金融的决策权、操纵权和控制权，它们一方面是国际金融市场游戏规则的制定者和司法者，另一方面又是金融市场的最大参与者。国际金融体系呈现出来的中心—边缘结构性特征，弱化了部分发展中国家的金融主权。

1997年亚洲金融危机后，IMF与韩国签署援助贷款协议时，要求韩国大幅度开放其金融市场，允许外国银行或非银行金融机构大举进入韩国市场，在韩国的外国银行或企业可以全面参与韩国证券交易活动，政府不得干涉中央银行工作等。这些苛刻的条件严重地限制和削弱了韩国的金融主权，使韩国在很

---

① 李艳：《“上海价格”：全球金融市场重要话语权》，载《上海证券报》，2007-04-23。

大程度上丧失了独立选择其金融体制以及对外开放进程的权利。许多国际金融法学家认为，这实际上是让韩国用相当一部分金融主权来换取贷款援助，以摆脱金融危机。事实上，当一国已不能独立地确定金融政策，独立地选择金融体制，独立地操纵和控制本国金融开放进程时，金融主权就已经受到严重威胁。

附录一：主权与安全问题的理论纷争

随着国民思想观念开放和国内外物质文化交流加深，全球化时代的国际新秩序与国家安全成为各国学者和政治家激烈争辩的重大问题。其中，利益、权力与安全之间构成的紧密关系一直是这个领域长期争论的本质问题，而国际上的金融活动恰恰成为沟通这三者关系的钥匙之一。当今世界，跨国公司不断兴起，资本国际流动日益频仍，通讯技术突飞猛进，这些因素对国际政治经济的本质及其发展产生了重要的影响，民族国家寻求和保护各自自身利益的活动决定了世界经济的秩序和结构。①

不管是过去还是今天，学者们不断强调，考虑一国的国家安全不能孤立于国际的政治经济关系而谈。从古到今，国家主权与安全问题从来就不是一个单纯的经济学问题，因此，我们在分析经济金融领域的安全问题时，不仅要运用经济学原理，还要更多地运用政治经济学、国际关系学以及20世纪70年代兴起的国际政治经济学。②

经济学关心经济中的效率与交换关系，而国际政治经济学关心的问题则更广泛，特别关心国际市场活动中权力与利益的分配。经济学家把市场视为一个能自动调节的机制，不需政治干预，而国际政治经济学家则关心世界经济对国家的权力、价值观、政治的影响。现代国际政治经济学是一个解释国际社会权

---

① 皮尔逊等：《国际政治经济学：全球体系中的冲突与合作》，中文版，42页，北京，北京大学出版社，2006。

② 国际政治经济学的英文是International Political Economy（IPE）。它是20世纪下半叶以来在欧美发展起来的一门新兴的交叉性边缘学科，比较统一的看法是，国际政治经济学是政治学、经济学和国际关系学的综合，是研究“国际政治关系与国际经济关系之间的相互作用的交叉性学科”。苏珊·斯特兰奇、罗伯特·吉尔平、小罗伯特·基欧汉、杰弗里·弗里德恩等学者是国际政治经济学研究的领军人物。苏珊·斯特兰奇最先提出关系力量和结构力量，以及结构力量在形成和决定世界政治经济中的作用论述。吉尔平的《全球政治经济学》与《全球资本主义的挑战：21世纪世界经济》被同行誉为“一个里程碑式的研究”，在理论体系和方法论上都很有理论价值和启发意义。

力、利益与安全问题的综合分析框架，内容庞杂，起源久远。由于安全观念形成与演变从来不是单一理论可以解释的，因此也只有依赖经济学、国际关系学以及国际政治经济学等多种范式才能够进行全面的分析。

从16世纪、17世纪以来，学术界出现了政治经济学的主要研究范式或者理论（见表1－1），这些理论一方面力图解释国际国内经济关系的本质以及由此带来的发展与安全问题，一方面又希望能够为决策者提供可资借鉴的指导。美国著名的国际关系学家罗伯特·吉尔平在其经典著作《国际关系政治经济学》中归纳了用于分析国际经济性质和功能的研究范式或视角。这些国际政治经济分析主要范式的相同点在于它们都试图运用其宏观和微观层面的解释性理论来勾画当今世界的大致轮廓并提出政策蓝图，而且它们都认为国家性质以及国际政治经济的结构性特点决定了国家间的合作与冲突，也决定了不同民族对于国家、主权、安全等基本概念的认识与理解。然而，不同学派的根本不同点在于对人性本质和社会伦理的不同认识。站在不同认识论角度，我们看到的是对同一世界同一命题的不同理解。历史上，这些主义或理论的建构者、继承者以及成千上万的拥护者都坚信自己的思想对国际关系问题和权力安全问题具有更强的解释力。

表1－1　国际政治经济的研究范式和原则

	现实主义	自由主义	全球化理论
政治与经济的关系	政治决定经济政策	政治与经济完全分离	混合的，不能分割
国际政治经济本质	为权力与利益而斗争	经济合作带来李嘉图改进	冲突与合作并存
市场的作用	市场不完全	完全	不完全
国家的作用	最大化	守夜人；小甚至不存在	混合的，国际行为体，竞争主体之一
行为动机	国际扩张	个人利润	个人利润与国家扩张并存
经济权力归属	国家	个人	个人和国家
对安全问题的警觉程度	高，安全问题渗透于方方面面	没有，只关注经济效率	较高，综合安全观

资料来源：John E. Elliott，1985：Comparative Economic Systems，2d ed.，p. 27；皮尔逊等：《国际政治经济学：全球体系中的冲突与合作》，中文版，北京，北京大学出版社，2006。引用时经作者改编。

（1）现实主义学派。重商主义或者民族主义具有相同的哲学基础，说到底它们都是现实主义的产物。重商主义将国家之间的关系视为一种寻求权力与财富的斗争，更多地注重国家的经济与军事实力整合，以使用国内资源确保国家的主权与生存，在经济领域，重商主义更多导致保守态度和贸易壁垒，在对外交往中采用“冷战”式的对抗心态。重商主义的后期又发展出了经济民族主义和经典的霸权稳定论。作为核心内容，民族主义强调国际事务的无政府性质，国家及其在国际事务中利益的首要性，以及国际关系中权力的重要性，即所谓的“国家中心论”。[①] 另一方面，民族主义也是一种价值取向，它热衷于民族国家建设，在道义上强调本国优越于所有其他国家。几乎所有民族主义者在强调国家的重要性、国家间安全利益和权力时都是现实主义者，但并不是所有的现实主义者在分析国际事务时都是民族主义者，因为现实主义者不一定就坚持民族优越论。

现实主义又分为古典现实主义和结构现实主义。以汉斯·摩根索为代表的古典现实主义，把以国家为中心的国际政治原理表达得甚为完美。但如果跳出国家的藩篱，透析国家力量的来源，从国际关系结构的状态来分析国家应追求的目标、国家相对力量的动态平衡及国家安全水平，则会进一步提高我们对国际事务的理解，这正是以肯尼思·沃尔兹为代表的结构现实主义的主要贡献。结构现实主义是对古典现实主义的补充和发展，而不是否定。毕竟一国在结构中的地位还主要是由其国家实力决定的。

（2）自由主义学派。自由放任的自由主义是西方经济思想的主流，强调市场是合作的场所，市场经济理所当然地会带来帕累托改进，带来财富的增长和福利改善，国际贸易和国际金融是国内市场关系的一种延伸。古典自由主义更接近理想主义，它进一步发展成为了新古典自由主义、凯恩斯主义以及政治上的功能主义学派。极端自由主义者则认为国际上的权力结构所带来的冲突是微乎其微的，民族国家的主权观念是世界市场扩大的最致命的障碍。随着苏联东欧集团的解体，东方国家的经济体制向市场经济转变，以及欠发达国际“进口替代”战略的失败，经济自由主义的影响力空前高涨，表现为经济自由主义原则为越来越多的国家所接受，如开放国内市场，进口

① 罗伯特·吉尔平：《全球政治经济学》，中文版，14页，上海，上海人民出版社，2003。

国外商品和接受外来投资，减少国家对经济的干预，采取“出口导向”的发展战略等。自由主义自18世纪亚当·斯密以来一直占据西方政治经济思想的主流地位，很多政治经济学家认为，发展经济学已经衰亡，依附论等已经过时，现在是经济自由主义“一统天下”的时代。[①] 然而，欧洲及北美近200年来的政治格局变化、大规模战争与经济贸易冲突都说明自由主义即使在自诩先进文明的西方，也很难突破国内或者区域权力与经济合作的界限而拓展为全球化时代的主导思想。在国际关系中欧美等发达国家更为强调权力格局及其影响，例如罗伯特·吉尔平就特别强调权力与“国家的军事、经济和技术实力”的关系。

(3) 全球化理论。随着通讯、交通技术以及经济行为全球化的发展，一些西方学者提出了全球主义的理论体系。新国际政治经济学的实质就是试图以综合的全球主义的思想作为理论基础。需要说明的是，全球化理论虽然正在蓬勃发展，但是它还远未成形。我们当今面临的世界如此复杂，要建立一套解释全球化的理论体系需要考虑众多的影响因素。全球化理论在很多人看来是高度综合的、折中的认识论，它主张民族国家在经济层面上是相互依赖的。我们需要将经济活动中的超国家行为体和跨国行为体与民族国家一样视为同等重要的，这些经济活动包括市场机制主导下的生产合作与国际劳动分工。另外，全球化理论又强调国家在政治经济生活中的作用，政府的行为不同于重商主义理论主导下的单纯为国家利益参与国际事务，也不同于自由主义主张的被动担当“守夜人”的角色。跨国公司以及有想象力的国际组织正在侵蚀民族国家活动的政治经济空间，它们发挥的作用越来越明显。全球化理论强调，合作与冲突的同时存在是当今国际政治经济的本质内容。

(4) 小结。不同人对于财富、民族利益和国家安全的认识有不同的观念，一个国民普遍认同的安全观念核心的形成是一个与时俱进的演变过程。马克思主义的最重要成就在于科学社会主义在中国实践的伟大成功。中国的道路沿着毛泽东思想、邓小平理论、“三个代表”重要思想、科学发展观的路线曲折前进。建设中国特色社会主义的思想吸收了马克思主义的核心内容，又加入了中

① 罗伯特·吉尔平：《全球政治经济学》，中文版，306～316页，上海，上海人民出版社，2003。

国人对于新时代国际环境的客观认识。现代中国人的思维逻辑是复杂的，很难用一种理论范式或观点来概括。正如吉尔平指出的，政治经济学流派提出的不止是一种分析手段，它们都包括分析要素和规范要素两部分。① 例如，经济自由主义不仅是一套新古典经济学理论，而且也是倡导市场或资本主义经济的价值规范；马克思本人接受他那个时代的自由主义经济学的基本分析方法，但他谴责资本主义制度。马克思思考的是更为根本性的问题，即资本主义制度的起源，主导其演化的规律，以及它的最终归宿。正如熊彼特强调的那样，一般的经济学家只对资本主义制度的日常运行感兴趣，而马克思和熊彼特本人则对资本主义制度长期发展的趋势感兴趣。另外，吉尔平强调尽管自己接受了现实主义的分析方法，或者他所谓的“国家中心论”，但他不能接受它的价值规范和有关的政策建议。尽管贸易保护主义和有些产业政策有其道理，但它的价值取向还是经济自由主义。

分析范式与价值规范的分离为研究者提供了平衡理想主义与现实主义的一种思维方式。当前，中国政府与民众理所当然地坚持中国特色社会主义的价值规范，坚定不移地走自己的道路。由于历史渊源和民族情感的原因，中国人分析问题的基本规范一般都综合了传统伦理与现代思想的多方面要素。然而，多数人在看待国家主权与安全问题时实际上更倾向于现实主义的眼光，更多地将分析逻辑建构在“以国家或民族为中心”的观念上。“全球化”是21世纪的基本特征，中国正处在社会、经济双重转型的过程中，内外环境都瞬息万变。因此，从哲学认识论层面来搞清楚安全问题的实质，分析现阶段中国政府与民众所持的世界观和价值观具有至关重要的意义。换句话说，也只有将国际格局、时代特征和民众思维习惯作为约束条件，认识到这个世界本来是怎样的，我们才能知道在这样的世界里我们应该秉承怎样的信念。

附录二：国际格局与“新安全观”

全球化是当今世界的主旋律，全球化潮流背后的政治经济力量牵动着国际

① 刘慧华：《一个里程碑式的研究——评吉尔平的〈全球政治经济学〉》，载《美国研究》，2004(1)。

格局的变迁。不容置疑，国际上大国力量的此消彼长是影响各国安全的重要因素。对于中国这样一个崛起中的大国来讲，国际格局的变化是影响本国安全感受的"外因"，而具有中国特色的社会变革和民众心理演变是安全观形成的重要"内因"。只有掌握"全球化"与"中国特色"这一内一外两种脉动，才能切中合乎科学与人文精神的安全观。

一、国际格局与安全观的演变

国际格局是指一定历史时期对国际关系、世界大局具有决定性影响的和比较稳定的力量结构与战略态势。决定国际格局的主要因素是各大国综合国力的消长对比及各种力量的分化组合。国际局势的变化引导了与之相关的政治经济理论发展，各种政治经济理论都是从不同的角度、不同的方面来研究地缘政治格局与某种因素或条件的关系。具有现实主义传统的国际关系学者已经提出了不少理论或假设，关于国际格局的研究是国际政治经济学与国际关系学的核心内容；大多数理论学派都认为，国际格局及其变迁路径对各个国家安全和国际整体安全具有最重要的影响。从另一个角度来讲，国际格局变迁本身就是一个安全问题。

冷战结束后，对于当今世界格局属于单极还是多极局面的问题在学术界还存在广泛的论争。中国政府对当前世界形势的判断是"旧的格局已解体，新的格局尚未形成，世界正朝多极化方向发展"。在这个过程中，人们最显著的观念变化就是对国际经济格局即地缘经济问题的重视，21 世纪的世界进入了一个地缘经济的时代。国家安全观念从传统的军事实力均衡扩大到经济领域，贸易、金融和技术的流动变化即将成为决定新时代的主要力量。地缘经济学说同样强调"大国博弈"，强调各国之间相互依存、相互渗透、相互制约和相互竞争。由于人们都认为经济实力、技术力量同军事力量一样，都是国家实力和影响的重要组成部分，因此，经济领域的国际竞争与影响力扩展逐渐成为各国制定对外政策的重要依据。各国政府和学者都在研究地缘经济因素对国家安全的影响，并根据国际局势的发展变化，提出了综合安全观，着重强调经济安全的作用和地位。

（一）单极[①]霸权：美国人的思维

冷战结束后，两极世界格局的雅尔塔体系被打破。虽然国际体系的多极化趋势已经萌芽，但毋庸置疑的是，美国至今还占据着当今世界的主宰地位。海湾战争以来的国际事件表明，美国在世界上的军事霸权比过去更大，它甚至可以超越联合国授权行事。伊拉克战争美国一意孤行，似乎昭示美国的能力很难被其他国家甚至是联合国制衡，美国是今天世界上无可置疑的霸权主义国家。索罗斯（2000）认为："美国不能为所欲为，但实际上没有它的认可，很多事情也做不成。"因此，全球化本质上是由美国主导的，而且大部分人认为这是符合美国利益的。虽然美国霸权从根本上不符合中国人的政治信仰和国家利益，然而我们在思考国际环境的时候，还是不能回避美国的支配地位。研究美国社会的主导思维很重要，因为可以这样说，中国的安全问题很大程度受制于美国的全球战略安排与战略反应。

可以说，美国人对于这个世界的认识也存在两种非此即彼的设想：地缘政治现实主义和自由开放社会理想主义。[②] 然而在现实世界中，这两种思维并非完全对立，而是存在某种妥协，美国也不例外。基辛格曾经说过，美国几乎是一个独一无二的让强烈的理想主义影响其对外政策的国家。这一方面可能来自于其《独立宣言》阐述的自由开放的意识形态，另一方面也因为美国所依赖的国际霸权。西方试图推行一种社会普遍原则，而普遍原则与不同文明之间的个性特色以及不同国家主权之间一直存在着某种紧张关系。随着单极世界的加强，这种紧张会愈演愈烈。不可否认，美国在处理国际事务的时候具有推行单一意识形态的理想主义思维。然而，这种设想本身给不同文明国家带来了安全的隐忧。中国社会长期以来普遍存在"和平演变"的担忧，近年来穆斯林世界不断爆发的"人体炸弹"则是反对美国式理想主义的更极端的表现。

---

① 国家能力优势和占有这种能力优势的国家数量是国际关系中定义"极"的条件。区分单极、两极与多极的基本标准是，国际系统中综合实力第二位的大国能否对最强大的国家构成有效制衡。"如果一个国家的能力是如此强大以至于很难被制衡了，那么这意味着体系中国家间的能力分配出现了倾斜，也就出现了单极体系的具体特征。"参见 W. C. Wohlforth，1999：The Stability of a Unipolar World，International Security，Vol. 24，No. 1，pp. 5 – 41。

② 这种看法由索罗斯在《索罗斯论全球化》中提出，但是它符合大多数国际政治经济学者的看法。吉尔平在对于国际政治经济研究的"三分法"（现实主义、自由主义、马克思主义）的阐述中，也认识到一个国家总是存在追求地缘政治利益与追求国家意识形态的矛盾。

1989年，世界银行经济学家约翰·威廉姆森执笔写了《华盛顿共识》，它秉承了亚当·斯密自由竞争的经济思想，与西方自由主义传统一脉相承。后来人们将这些观点称为“新自由主义的政策宣言”。美国致力于使所谓“民主政治”或“华盛顿共识”演变成为全球普遍意识，其他国家都应该适应全球经济自由主义的急迫需要而调整自身经济政策与实践。在第三世界看来，那些从全球化中受益的社会力量才可能追求所谓全球一致政策，美国推行国际普遍政治文化、价值理念与制度特征，使美国的权力构成中具有非物质要素的优势，即“软权力”；认同华盛顿的观念，某种程度就要认同美国“世界领袖”的特质。因此，“新自由主义”或者“跨国自由主义”在意识形态上和政策上是霸权的。① 在更广泛的发展中国家圈子里，拉美的失败导致了对“华盛顿共识”作为发展和复兴的信条的普遍的抵制。② 对于“华盛顿共识”的挑战是以斯蒂格利茨为代表的西方学者提出的“后华盛顿共识”。“后华盛顿共识”强调与发展相关的制度因素，认为发展不仅是经济增长，而且是社会的全面改造。因此，“后华盛顿共识”不仅关注增长，还关注贫困、收入分配、环境可持续性等问题。然而，“后华盛顿共识”没有改变美国意识形态的本质，对抗这种“柔性霸权”的最大力量来自于中国特色的改革发展道路以及与之相联系的“科学发展观”。③

不论“华盛顿共识”还是“后华盛顿共识”，都具有新自由主义的理想化色彩，试图找到通向理想社会的普遍良方，在意识上强调全球利益。然而另一方面，决定国际社会进程的观念更多来自于地缘政治现实主义。在拥有塑造世界的权力的时候，美国几乎是不假思索地选择了地缘政治现实主义道路（索罗斯，2000）。美国在新世纪的国家战略目标很清晰，就是防止任何一个大国或者国家集团崛起，挑战美国的全球霸权地位。竞争和遏制是经济与军事事务

---

① Cox, R., 1999: Civil Society at the Turn of the Millennium: Prospects for an Alternative, Review of International Studies, 25 (1), p. 12.

② 斯蒂格利茨的CCER讲演，《从“华盛顿共识”到“北京共识”》，载《21世纪经济报道》，2005-03-28。

③ 2006年5月11日，英国伦敦外交政策中心发表了雷默撰写的题为《北京共识》的研究报告，指出中国的发展模式是一种适合中国国情和社会需要、寻求公正与高质增长的发展途径。他把这种发展模式概括为“北京共识”，主要包括三方面内容：艰苦努力、主动创新和大胆试验；坚决捍卫国家主权和利益；循序渐进、积聚能量。

的指导性原则。中国经济和国际地位高歌猛进的发展理所当然地成为美国担忧的重点之一。“中国威胁论”便是西方保守势力应付中国崛起的回音。一般认为，冷战后美国有一种明显的思想转变，更趋向于保护主义的色彩，美国国际政治决策具有趋从于国内政治的特征。吉尔平也认为，美国的政策趋势是背离由美国主导的全球化的。既然西方主流思潮是自由开放，而美国又奉行保守的现实主义，那么，全球主义、“华盛顿共识”等宣传就不仅仅是美国现实主义战略的一种手段，其目的不在于促进全球社会发展和治理，而在于压迫别国开放市场，使世界各国屈从于美国的国家利益。

美国倡导的自由开放是以西方个人主义为出发点，与很多发展中国家的文化内涵相悖，具有难于达到的苛刻标准；而现实中美国政府对像中国这样的发展中大国又采取保守和遏制的措施，因此中美之间思想文化的鸿沟、意识形态的差距以及国家利益的冲突永远无法使两国政府和人民达到完全互信的程度，保守对抗的心态会一直延续。从这个意义上来讲，中国人有理由相信，美国政府对外政策和跨国公司经济渗透会构成对中国国家安全的威胁。

（二）多极世界：全球竞争和均势

就现实主义政治经济学来说，均势或者说权力制衡是国际体系权力结构的关键，而“极”的概念可以更为直接地解释国家间的均势状态。具有相互制衡能力的国际体系一定是两极或多极世界。20 世纪 60 ~ 70 年代地缘政治观念开始由两大阵营的对立转移到世界多极化和区域化。最具代表性的学者是索尔·科恩，他在《分裂世界的地理与政治》一书中认为，全球均势的保证在于世界权力核心的多极化。他主张，全球政治体系的各等级之间和各较大区域之间的关系特征上应具有一种类似生态学的动态平衡。另外，基辛格在《外交》一书中，对冷战后的世界地缘政治格局未来变化与美国的作用作了充分的论述。基辛格认为，随着其他一些国家成为世界强国，美国已不能像以往一样立即完全实现其所有目标，世界可能向多极化方向发展。

美国凭着它无可匹敌的政治、军事、经济、科技实力，实行单边主义，维护其单极世界的地位。而世界其他几个大国俄、法、德、日、英、中、印，与美国之间的利益关系各有不同。日本和英国分别是美国在亚、欧最主要的盟国和战略支柱；法、德、意等欧洲国家虽然同美国有利益冲突和政治分歧，但文化传统、政治体制基本一致，还是属于盟友范畴。俄罗斯、中国和印度等都具备挑战美国全球霸权地位的潜在实力，但目前都没有与美国单独抗衡的实力。然而，以中、俄、印、巴（BRICs）为代表的新兴大国的迅速崛起，导致了一场改变世界力量版图的革命。吉尔平指出：国际政治关系是一种动态的循环过程，由于各国经济发展不平衡，后起的经济强国必然要利用发展起来的经济力量要求获得政治上相应的权力，而衰微的强国必然利用旧的制度权力阻止新兴大国的崛起，其结果就是系统的结构性战争和国际权力新体制的建立。因此，崛起与遏制崛起将是国际社会在相当长历史时期内的主要矛盾之一。按照西方现实主义国际关系理论的逻辑，国际体系是一个险恶而残忍的角斗场，要想在其中生存，国家别无选择，只能为权力而相互竞争。当然，各个大国崛起，世界向多极化方向发展是对美国单极霸权的有力挑战，有利于世界向着政治经济均衡发展。然而，在多极化世界体系发展过程中，东西矛盾、南北矛盾、意识形态矛盾等交织在一起，新兴大国的崛起必然加剧各国围绕着综合国力的激烈竞争。

中国的发展和崛起是历史的必然。中国政府不断强调要做一个负责任的国家，与国际社会共同努力实现世界与地区和平。然而，美国认为日渐崛起的中国势必威胁美国的利益，对中国的成见和偏见在相当程度上影响了美国政府的决策。遏制与接触是美国对华政策的两个基本面。防范和以压促变是美国对华政策的本质。欧盟越来越认识到了中国的重要性和潜力，双方有良好双边关系的政治基础。由于地缘政治上没有直接的利害冲突，中国和欧盟在建立国际新秩序上有许多共识，主张世界多极化，强调和平解决国际争端；然而，意识形态和人权问题是制约中欧关系深入发展的主要因素。总的来说，中国必然成为多极化世界重要的一极。然而，在崛起道路上，中国一方面要面对美日欧等传统强国和集团的挑战，另一方面要应付同样希望崛起的新兴国家的竞争；中国在地缘关系和意识形态上与西方主要国家具有深刻的矛盾，国家的安全与经济利益都是一个严重的问题，因此，中国的安全问题不是在世界多极化的发展中减轻和消弭了，而是在朝着更加多方面、综合化的方向发展。

（三）全球化的时代特征

“全球化”是近来学术研究和经济实践中最引人注目的字眼。不可否认，全球化是我们这一时代的主要特征。在谈到全球化问题时，常常可以听到这样一种观点，即全球化就是东西方的趋同，是人类走向大同世界，是经济社会的一体化和同质化。然而，在德国海利根达姆的2007年八国峰会期间，来自欧洲和世界其他地方的示威者举行了针对全球化的最大规模示威。示威是由数十个组织发起的，它们的口号是“另一个世界是可能的”。组织者在街头散发的传单上写着：“由八国集团控制的世界是一个充满战争、饥饿、社会分裂、环境破坏、反对移民和难民的世界。我们想对此提出抗议，向人们展示另一个不同的世界。”反对全球化的声浪此起彼伏，国际社会对全球化产生出两种极不相同的看法：一种认为应当舍弃一切去寻求全球的同一性；另一种则认为应当以自己的传统特色去抵御全球的趋同倾向。全球化过程本质上是一个充满内在矛盾的过程，它是一个矛盾的统一体：既含有一体化的趋势，同时又含有分裂化的倾向；既有单一化，又有多样化；既是集中化，又是分散化；既是国际化，又是本土化。全球化是民族化与国际化的统一。其实，全球化就是一个矛盾和悖论。但它是合理的和现实的。① 因此，想方设法增强综合国力，提高我国的国际竞争力，这是强国之本，也是维护国家主权的根本途径。综合国力的竞争是全球化时代国家间竞争的根本所在。我们应当清楚地认识到，在全球化时代，要有效地维护国家的主权，增强国家的实力，仅有经济的和军事的力量是远远不够的，还必须有政治的、文化的和道义的力量。

二、时代特征与“新安全观”

（一）“新安全观”：官方宣言

冷战结束以来，国际安全领域发生了重大变革，各国纷纷提出了新的国家安全观以应对国际安全结构的重大变化和非传统安全威胁日渐严峻的新形势。通过吸收国外安全理论的合理成分并结合本国安全面临的具体实际，中国政府提出了以“互信、互利、平等、协作”为核心内容的“新安全观”。中国的“新安全观”体现了中国传统文化的和平主义追求，又反映了中国对国际平等、正义等基本信念的一贯立场。其独特的内涵昭示中国的发展不会对现存国际体系造成冲击，预示着中国将走出一条与历史上大国崛起不同的和平发展新路。

---

① 张翠：《全球化语境下的二律背反——对全球化与民族性的一点看法》，载《青岛职业技术学院学报》，2005（4）。

中国2002年8月6日颁布关于“新安全观”的立场文件：武力不能从根本上解决争端与矛盾，以行使武力或以武力相威胁为基础的安全观念（旧的安全观）和体制难以营造持久和平。人们普遍要求摒弃旧的观念，以新的方式谋求和维护安全。在此形势下，以对话与合作为主要特征的新安全观逐渐成为当今时代的潮流之一。另外，江泽民在中共十六大报告中指出：各国在“安全上应相互信任，共同维护树立互信、互利、平等和协作的新安全观”。从而阐明了“新安全观”的核心所在。“新安全观”的核心是互信、互利、平等、协作。“新安全观”实质是超越单方面安全范畴，以互利合作寻求共同安全。“新安全观”建立在共同利益基础之上，符合人类社会进步的要求。中共十六大报告从三个方面解释综合安全观：第一，多元的安全目标。在安全主体上强调人、国家和国际三个层次的完整统一。人的安全是重心；国家安全是实现人的安全和世界安全的载体和媒介；世界安全是国家安全的保证。第二，多维的安全内容。国家安全是一个综合概念，其内容日益丰富，其中经济安全是基础，政治安全居于战略地位，军事安全是重要内容，科技安全等也不可忽视。第三，恐怖主义、种族冲突、环境恶化、人口增长和公共卫生等问题是安全的新课题。2005年9月15日，胡锦涛主席在联大讲话强调中国的和平发展战略，呼吁树立互信、互利、平等、协作的“新安全观”，提出了建立“和谐世界”的理念。

（二）中国人的安全观念

在国家主权和安全问题上，中国特色的文化传统和民众情感是影响历史发展不可忽视的因素。① 从中西方文化—意识形态的对比中，我们可以清楚看到，中国“古老但至今还存活”的文化体系与西方的以基督教文明为主线的文明形态明显不同。中国是由多个民族、多种文化历经数千年的经济—社会—政治—文化集合体，其中不仅包括儒—法—道—佛所构成的汉文化，也包含很多种的地域、家族“小文化”、“小传统”。虽然人们早就或多或少地接受了各种西方思想，“现代化”似乎已经势不可挡。但是中国文化中严格强调的“远近亲疏”、“尊卑长幼”、“家国传统”至今仍然是主导中国人生活的主流思想。

① 塞缪尔·亨廷顿（1998）在美国《外交事务》上发表《文明的冲突》一文，认为文明冲突将控制全球政治，文明之间的断层线将是未来的战线。该文章的发表引起学术界与国际政治领域的轰动。

中华民族历史上是一个极具包容性的民族，讲求“中庸”之道，汉唐遗风更是“海纳百川”，然而东方文化同样也是以集体主义与社群观念为核心的文化形态，主权意识较为强烈，不乏屈原的“忧愤”、岳飞的“忠贞”和文天祥的“丹心”。近代以来的中国历史进程，是一部中华民族反抗压迫、追求新生的曲折历史，经过无数次战争与国殇的洗礼，中国的民族意识不断增强。

改革开放以来的中国正在经历深刻的历史变革，渐进的改革道路决定了中国人要经历漫长的观念转变。中国社会包括安全观念在内的价值判断体系正处在动荡、再生、完善的过程中，然而改革开放的巨大成就和宝贵经验已经给予我们重新审视世界的信心——站在政府的角度，“新安全观”就是信心的体现。中国有源远流长、自成一脉的历史文化，古人胸怀“天下大同”的理想，同样也抱着“位卑未敢忘忧国”的情怀。深厚的积淀使我们具有更厚重的家国观念。谈到金融，中国人的认识既久远又新鲜。从千年以前的四川“交子”到现如今的复杂衍生品，金融给人们的第一感觉就是货币，是钱，是利益，是现实！基于此，在金融安全问题上，中国人不可能沿袭类似“华盛顿共识”的自由思想，反倒是“以国家为中心”的现实主义观点似乎更容易让普通民众接受。

2

金融全球化与银行业开放

20世纪90年代以来，国际金融业竞争日趋激烈，规模巨大的银行业兼并重组浪潮在世界范围内展开，这一切正在悄然改变着国际银行业的格局。东京银行与三菱银行的并购（1996年）、美国大通银行并购化学银行（1996年）、瑞士银行与瑞士联合银行的并购（1997年）、花旗银行并购旅行者集团（1998年）、德意志银行与捷能银行并购案（2000年）、美国银行并购波士顿银行（2003年）、花旗银行并购墨西哥国民银行（2001年）、花旗银行收购韩国韩美银行、美国银行并购波士顿舰队金融公司、J. P. 摩根并购美国第一银行（2004年）、苏格兰皇家银行财团并购荷兰银行（2007年）……都引起了国际金融界的巨大轰动。

2001年12月，中国加入世界贸易组织并承诺在五年后解除对金融业的保护，我国银行业面临国际化竞争不可避免。我国银行业改革和开放是历史的必然，站在外资银行的角度来看，中国经济的迅速增长和中国市场的开放给它们带来了发展和盈利的机会。在我国开设经营性机构和直接参股并购中资银行是外资银行进入的两条主要路径。2002~2008年，外资银行进入加速发展时期，加入世界贸易组织以来外资银行已成为中国银行业的重要组成部分。而在2004年以来的大型并购中，不管从规模还是从数量来说，中资银行的兼并重组在国际银行业都是一枝独秀。金融全球化的势头风起云涌，我国也以前所未有的幅度开放银行业市场。那么，为什么国际银行业会出现如此激烈的变动？允许外资银行进入会给东道国带来怎样的宏观效应和控制权威胁？本章将在文献综述的基础上重点研究这些问题，并运用国际比较的方法来分析各国银行业开放中控制权博弈的案例。

2.1 银行业开放：一个理论解释

在金融全球化迅猛发展的时代背景下，银行业的开放是各个主权国家经济发展的必然选择。银行业的开放是一国经济金融对外开放的核心内容。银行业开放的理论必然要回答两个基本问题：一是外国银行为什么要进入东道国市场寻求跨国经营的机会？二是东道国为什么要开放本国市场接受外国银行跨国经营？由此可知，银行业开放的传统理论都是解释进入方与东道方的动机，现有的理论模式提出了一些假说，并试图通过实证分析进行验证。值得注意的是，世纪之交国际银行业的并购整合如火如荼，超过之前数百年的发展程度。而银行业开放理论远远落后于实践，现有文献还没有建立成熟的理论体系来对这一现象作出解释。

2.1.1 跨国经营的动因：外资银行角度

目前研究银行业跨国经营的文献一般认为，一家银行之所以要走出国门主要是源于三个动机，分别是跟随客户假说、市场机会假说、规避管制假说。

（1）跟随客户假说。随着银行经营母国和东道国经济融合程度的提高，两国间贸易和企业直接投资会不断增长。在激烈的国际市场竞争中，由于母国企业与母国银行之间存在着比较固定、良好的合作关系，因此在国际性企业的境外扩张的同时，经常伴随着其伙伴银行业务同时向境外扩张。母国银行要为已经走向海外市场的本国客户提供服务，即所谓的“重力牵引效应”。

跟随客户假说反映了日益密切的国际经济联系或国际经济的一体化趋势。有研究①表明，国际银行往往会跟随本国非金融企业的投资，或者诸如永久移民的非公司客户，而进入他国市场，并以这些企业或居民作为主要服务对象。银行的跨国经营与国际贸易和外国直接投资存在着正相关关系。在20世纪80年代末和90年代初，美国的银行迅速向国外扩张也伴随美国公司的国际扩张。

① 参见 Gray（1981）、Kindleberger（1983）、Esperanca 和 Gularnhussen（2001）的研究。

然而，跟随客户假说对银行跨国经营动机的解释具有局限性。它并不是银行从事跨国业务的唯一决定因素。两国间经济关联程度与银行业进入正相关，并不完全是银行单向跟随客户进入东道国，也可以理解为银行业的跨国经营反过来为其客户的境外扩张创造了有利条件。Seth、Nolle 和 Mohanty（1998）针对在美国的外资银行分支机构作的实证研究表明，这些银行的大部分贷款客户都是非母国的企业。Miller 和 Parkhe（1998）所作的另外一项研究表明，主要的美国的银行对发展中国家所作的直接投资同两国间经济贸易往来之间没有表现出显著的相关关系。这都说明银行跟随客户很可能只是跨国的初始动机，或者只是在金融全球化不发达时期的主要动机。

（2）市场机会假说。学者们讨论了银行通过跨国经营寻求更多利润机会的可能性。如果一家银行在母国经营的存贷利差较低，而到外国市场能够利用管理技术和经营优势降低边际成本，从而获得较高的存贷利差，那么它就有动力去国外市场开设分支机构，以寻求获得更多利润的市场机会。许多研究①表明，外国银行很大程度上是受东道国国内经济发展所带来的丰富获利机会和较大的发展空间的吸引而进入东道国市场的。Focarelli 和 Pozzolo（2000）发现跨国银行进入的国家一般都是预期经济增长率较高的国家，而且这些国家的当地银行往往存在着运营成本较高、净利润较低、资本运用效率较低等特点。在这些国家跨国银行遭遇的竞争相对较弱，有利于跨国银行扩展业务占领市场份额。此外，Berger 等（2001）认为，彼此间在文化上的联系也可能是影响外资银行进入东道国以获取市场利润的动机。由于发展中国家银行业的规模较小，竞争普遍较弱，因此，在新兴市场国家寻求盈利和发展机会可以在很大程度上解释银行跨国经营的动机。

（3）规避管制假说。东道国对银行业的监管程度也是影响银行跨国经营的一个重要因素。不同国家根据自身金融体系的健全程度和发展水平，往往对外资银行市场准入作出不同规定。Focarelli 和 Pozzolo（2000），Barth、Caprio 和 Levine（2001）等研究认为，东道国的金融管制对外资银行进入的影响十分直接，一般而言，国内金融体系脆弱的国家，偏好对实力强大的外来银行设置

① 参见 Claessens、Demirgüc – Kunt 和 Huizinga（2001），Focarelli 和 Pozzolo（2000），Bonin 和 Abel（2000）的研究。

严格的准入限制和业务经营上的广泛管制，因此，外资银行往往更偏好于管制宽松的金融市场。金德尔伯格（1974）发现，东道国在银行业的监管中经常出现内严外松的现象，其监管制度不健全为外资银行的运作降低了成本，从而提高了外资银行的经营效益。Barth 等（2001b）运用跨国数据证明了东道国对银行业（包括外资银行和本国银行）的监管程度与银行的净利润和营业成本有着密切的联系。Barth 等发现对外资银行进入限制比较少的国家的利差和管理费用也比较低，不管是外资银行还是国内银行。除此之外，他们还发现对外资银行进入限制越少的国家发生较大银行危机的频率也小。Goldberg 和 Grosse（1994）实证分析表明，对外资银行进入和经营监管越宽松的国家，其外资银行的数量也越大。研究表明，银行业监管与银行的收益存在正向关系，因此，银行有动机通过跨国经营来规避管制，以获取更大的利益。

除了上述三种经典假说以外，汪建和吴英蕴（2000）认为银行的跨国经营假说还应该包括分散风险假说、银行综合优势假说和银行体系重整假说。然而，他们提出的这三种假说目前没有得到国内外理论与实证研究的广泛支持，并且从原理上都可以并入市场机会假说里面。

2.1.2 “得”大于“失”的判断：东道国角度

如今外资银行在世界范围内特别是在新兴市场上发挥着越来越重要的作用。 东道国开放银行业至少建立在这样一个假设之上：开放之得大于开放之失。但是，外资银行进入究竟对一国银行体系乃至整个金融体系稳定会产生什么影响？这是国内外关于银行业开放理论与实证的核心。在研究文献中，学者们从资本积累、信贷配置、银行竞争效率、银行体系稳定、货币政策有效性、金融监管等多个角度研究了东道国银行业国际化的效应。

从理论的角度来说，东道国开放银行业的潜在收益可以归纳为三个假说，即竞争效率假说、示范效应假说和危机成本假说。而国外研究银行业开放的动因或效应问题更多地运用了实证研究的方法（即银行业开放实证研究），本章下一节的内容将对银行业开放的实证研究进行评述。

（1）竞争效率假说。随着经济与金融全球化的日益发展，各个国家与地区的银行业的竞争压力也在不断加强，尽快提升本国银行业的竞争力和效率已是各个国家尤其是新兴市场国家的迫切要求。新古典经济学理论一个基本的假说是：开放促进竞争，竞争提升效率。外资银行进入有助于增加东道国银行业的竞争，打破金融垄断，促使国内银行降低成本，提高效率，提供多样化的金融服务。因此，竞争效率假说既解释了东道国愿意开放银行业的原因，又归纳了银行业开放之后可能给东道国带来的主要效应。

（2）“溢出”效应假说。“溢出”效应假说是指东道国开放银行业后，外国银行先进的运作方式、管理经验以及创新业务可以为本国银行起到良好的示范引导的作用。“溢出”效应假说认为，在国际市场上目前仅有少数的国际金融机构具备全球运营和管理的能力，它们具有更为先进的管理理念、技术和创新能力；而东道国本国银行要能够为本国民众提供更高质量和更多种类的金融服务，必然要向外资银行学习这些更为先进的观念或者技术。因此，对外资银行开放市场是取得先进银行示范引导作用的关键。

（3）危机成本假说。危机成本假说蕴含一个基本前提：外资银行的进入可以使本国的银行体系更加安全稳定， 在面临冲击或者发生危机时，外资银行能够为东道国银行业的损失支付一定的成本。20 世纪后 30 年，新兴市场国家经历了经济发展不稳定的历史。某些学者认为，在新兴市场国家，由清一色相对弱小的国内银行构成的银行体系很难应付金融全球化时代日益频繁的国际资本冲击。当危机来临的时候，银行体系规模与质量的优劣要比银行业中外国资本产权的多寡更加重要。在区域性和全球性金融危机中，结构单一的银行体系通常会具有更高的危险性。因此，越来越多的新兴市场监管当局开始对外国银行开放本国市场，使国内银行体系在增强效能的同时加入了国际投资多元化的因素，从而使本国银行业在整体上能够形成一个比较强大的具有分散风险和抗击危机能力的国际化银行体系，一般认为，这样就可以减少危机发生的次数或减轻危机对经济的损害程度，从而减少新兴国家在危机发生后向银行注资和重组银行的巨额成本。

2.2 银行业外资进入效应述评

国外文献侧重于外资银行进入效应的研究。国外的大多数研究都集中分析了外资银行开设全资的分支机构或者是控制东道国银行的股权带来的冲击，阐述了外资银行进入与东道国市场结构、银行收益率、经济增长、社会福利等方面的关系。总体上看，多数中外研究者对外资银行进入持肯定态度。外资银行的进入通常会促进国内银行业的竞争，迫使国内银行改善经营管理，提高金融服务水平，提高经营效率。但不同国家、不同开放程度以及不同的制度环境所取得的效果是不一样的，国外有不少相关文献对此进行实证研究。

2.2.1　文献的梳理

Jayartne 和 Stranhan（1996，1998）的研究表明，美国的各州政府放宽了银行在各地发展分支机构的限制以后，给美国市场带来了积极的效应，增加了贷款的质量，提高了银行效率并促进了经济增长。他们同时提出，能够进行有效扩张的银行一定是在本国或者本地最有活力和效率的银行，因此它们可以给东道国的银行部门带来效率改进。当然，外资进入不同情况的国家也会带来不同的效应。其中最全面的分析来自于 Claessens、Demirgüc－Kunt、和 Huizinga（2001）的研究。他们使用了 1988 年至 1995 年 80 个国家的银行数据来分析引入外资银行对东道国银行在净利差、盈利水平、非利息收入、经营费用和贷款损失准备等方面的影响，发现外国银行的增加是与国内银行非利息收入水平的提高和经营支出的减少相联系的。这一结果说明开放提高了东道国银行业整体效率，对东道国经济产生了积极的福利效应。Claessens 等人研究的不足之处在于未区分外资银行进入的东道国是发达国家还是发展中国家。Lensink 和 Hermes（2004）注意到外资银行在不同发达程度的国家所产生的不同作用和影响，在回归模型中引入了经济发展水平这一因素，以检验经济发达程度不同是否会影响外资银行进入的效应。其实证结果证明银行业绩的改善与金融发展水平有关。他们发现，在金融发展水平较低的国家，外国银行的存在导致国内银行边际成本较高，说明降低了银行效率；而在金融发展水平较高的国家，外国银行的存在则是与国内银行边际成本较低、效率提高相关联的。许多研究者（Denizer，1999；Barajas，1999；Unite，2002；Janek Uiboupin，2004）还对外资进入单个发展中国家的效应进行了分析。他们的实证结果多数表明在短期内外国银行的增加导致了对国内银行产生负面影响；而外资进入对发展中国家的经济增长与社会福利水平等长期效应的影响，文献中并没有给出较为清晰和统一的结论。国际经验没有提供足够的参照来说明外资金融机构参股中资银行最终会带来什么样的效果。很多外国学者认为，最近进入中国银行业对于外国投资者来说不是很大的战略性举措，因为外国投资者只在其中占有很小的份额，现在的参股只是未来更大规模在中国市场拓展的前奏。虽然现在几乎所有的中国大中型银行都引进了战略投资者，但是外资银行对于中国银行资产的控制能力非常低，因此，外国投资者参与中资银行的管理也非常受限制。Leigh 和 Podpiera（2006）认为，对于像中国这样的发展中国家来说，外国投资者的介入会给市场带来空前竞争，这将有助于提高这个市场中所有银行的效率。对中国这样正在将金融部门大规模市场化的国家，引进外资银行可以带来特殊的发展经验和专业的风险管理技术，外资银行的进入将大大加速东道国金融体系转轨的进程。

从国内研究现状来看，就外资银行进入对发展中国家银行业开放的效应以及对我国金融监管的挑战等问题定性分析较多，实证分析较少。目前只有郭妍、张立光（2005），吕剑（2006），李晓峰等（2006），黄宪等（2006）数篇论文选取国内主要银行 1993 ~2003 年间的面板数据就外资银行进入对我国银行盈利状况、经营水平、抗风险能力等方面的影响进行了定量研究。郭妍等认为，外资银行的影响在 20 世纪 90 年代前半期不甚明显，到 1998 年以后才逐渐显著。外资银行的市场竞争效应、技术示范效应、金融稳定效应在我国均有体现。李晓峰等认为，外资银行的进入导致的竞争加剧与存款分流将使得国内银行的流动性显著降低，导致资产质量下降和风险增加，非利息收入减少，经营费用和资产收益率减少，而技术外溢效应以及对国内银行盈利性的影响并不显著。然而，他们提出的外资银行进入导致的国内银行市场份额和优质客户大量分流、经营资金来源严重流失等假设缺乏理论基础和实证资料支持，而单凭回归估计不能完全证明上述结论。黄宪等将实证结果与国外研究进行对比，发现我国银行在利息收入率等关键指标的变化上与外资进入没有显著关系，说明不同市场化程度对外资进入效应有重大影响。他们同时也指出，由于我国银行业发展历史有限，外资银行在中国发展的时间也不长，目前又正处于制度转换的关键时期，因而实证结果应该是一种短期经济效应，可能不具有普遍意义。

2.2.2 基本的结论

从现有研究中，我们可以得出以下一些结论：

（1）大多数学者都认为外资银行给东道国的资本流动带来了新的因素，

外资银行的参与增加了国内市场可贷资金的总量，这将有助于资本的积累和流动。

（2）外资银行的进入与东道国银行效率的关系不能一概而论，而应根据不同国家经济金融的发展水平、银行的开放程度以及宏观经济状况等进行具体分析。从国外实证研究中我们至少可以得出的一个初步结论是，在中东欧、东南亚等地区的新兴市场国家，外资的进入对母国银行业造成了很大的竞争压力，增加了国内银行的经营成本和风险。这一结论在中国仅有的少数实证材料中也得到了一定程度的证实。

（3）对于外资的进入对金融稳定、经济增长以及福利水平造成的影响，实证研究并没有得出较为清晰和一致的结论，且对一些宏观问题很难给出解释，如何从测度层面研究金融安全仍然是一个很大的难题。

2.2.3 主要的争议

从研究文献可以看出，对于外资银行进入的效应问题存在广泛争议的地方主要集中于三个方面。很多研究成果在同一问题上提出了针锋相对的观点。存在广泛争议的问题都涉及对外资银行动机的判断，都强调东道国银行业开放中的控制权风险。而对这些问题的求证不能仅仅通过实证的方法，因为它还牵涉到民众观念和价值判断的内容。

（1）外资银行是负责任的银行吗？文献中提出的第一个问题是，外资银行的进入增加了东道国的资本流动，会不会给贷款市场带来更大的波动性，特别是在东道国发生金融危机的时候。在各种文献中，墨西哥、阿根廷、智利等曾经发生过金融危机的国家被广泛引为案例进行研究。部分西方学者认为，外资银行进入给东道国带来了可用于支持国内项目的更加雄厚的资金，而跨国银行都是具有国际知名度的大银行，具有更强的抗风险能力，这些银行的贷款项目将比其他银行具有更稳定的效应，因此，外资银行能够增加东道国贷款市场的稳定性。这种观点对于东道国是较小经济体的情况相对有说服力，Meltzer（1998）和 Goldberg、Ages、Kinney（2000）等学者都支持上述观点。然而，也有很多学者认为，外资银行会显著增加东道国贷款市场的波动性和系统性风险。外资银行的进入给东道国市场带来更大的不确定因素，在发生经济危机的时候，由于拥有全球网络和更快的市场反应能力，外资银行可以更迅速抽逃资金，跨国银行更看重商业利益，它们不会对一个危机的经济体付出道义上的责任。持这种观点的人包括反对新自由主义的学者、发展中国家的政府官员和危机国的广大民众。东南亚金融危机后，以马哈蒂尔为代表的亚洲国家领导人普遍抨击了跨国银行、国际游资等西方经济势力不负责任的敌对行为。由此可见，对外资银行道义问题的争论已经远远超过了经济学家的研究范畴。

（2）外资银行的"cherry pick"给东道国银行业带来什么后果？对外资银行进入效应的第二种广泛质疑是关于外资银行在目标市场的战略动机。人们都认为外资金融机构在目标市场采取的是一种叫做"cherry pick"（摘樱桃）的战略。外资银行凭借其强大的业务实力和高超的风险管理技术，夺取东道国银行市场的少数高端客户。它们分取了东道国市场利润率最高的部分，而给国内机构留下盈利水平较低的市场和风险较大的客户，这样的发展趋势使得国内金融机构承担了更大的风险，在发生金融危机的时候国内银行将受到更严重的打击。然而，外资银行通过竞争提高金融业效率，而效率的提高也促进了金融业的稳定。在一定的条件下，外资银行的盈利性冲击不但不会造成银行体系的崩溃，还将有利于体系的长期稳定。因为虽然外资银行的进入在短期内会给东道国的银行业带来一些不稳定的因素，但从长期看，经过优胜劣汰得以生存下来的银行将有更强的竞争力，拥有更忠诚的客户，因此，银行可获得更加稳定的经营环境。Canoy（2001）的研究发现，有多种方式可以加剧银行间的竞争，不同的方式对体系稳定的影响不同，外资银行大多是通过复制进入（Replicating Entry）当地银行市场的，而且该过程是逐步进行的，只要辅之以适当的管理和审慎的监管，不太可能形成巨大的外部冲击，因此不会加剧银行体系的不稳定。

（3）外资银行的进入是否对战略性产业构成控制权威胁？第三个问题的提出更加一针见血。很多人认为银行系统作为一国的战略性产业，理所当然地应该由国内的资本来掌握。尤其是那些由政府主导型改革模式的国家，控制银行业对于金融安全具有重要意义。银行业开放的反对者主张加强对外资进入国内金融业的准入和业务监管。当然，这种认识更多地来自于新兴市场国家的学者。他们认为在开放过程中，东道国的民众总会担心本国的银行变成西方跨国银行的一个分支机构。然而，大多数西方学者认为这种评论过于严重，他们反而认为外资银行的进入会增强东道国银行系统自身的实力，并会有效改善该国的金融结构，包括政府的金融监管。外资银行的进入将导致银行特许权价值的下降，进而导致利润下降。所谓银行特许权价值（Franchise Value of Banking License），是指根据银行未来的预期利润进行贴现所获得的现值。显然，一国的银行部门准入限制越多，银行所获得的垄断利润就越高，从而其特许权价值就越高。许多国家和地区的银行依靠特许权价值获得了巨额的垄断利润，这些利润对于它们维持较高比率的不良贷款具有重要的意义。

在中国近一轮银行业开放过程中，国内学术界围绕着引进战略投资者是否威胁我国金融安全也进行过激烈论争，并提出了针锋相对的两种不同意见。无独有偶，在韩国和中东欧国家银行业开放的过程中，也出现过类似的争论。在大多数中东欧国家开放初期，政府和部分民众持相对审慎态度，甚至有些人认为外资控股国内银行是西欧的经济侵略；但是银行监管部门和学术界则主张大胆开放，并促使这些国家最后完全放开了银行业。韩国在 1997 年金融危机后几乎一夜开放了银行业，但是银行业的开放程度在韩国国内争议很大，韩国中央银行（2003）罕见地以公开声明方式呼吁政府应该关注外资控制过多银行可能对经济发展带来的弊端；韩国公平贸易委员会主席姜哲圭（2006）公开表示，有必要采取额外对策，防止外资接管韩国关键行业和领先企业；其金融监督院主席以及伍里银行行长等官员甚至呼吁金融机构联合抵制外资。由此可见，任何一个主权国家的政府和民众都不敢对涉及国家安全的银行业开放问题掉以轻心。而此轮发生在我国学术界的论争，也反映出广大学者试图从理论和实证上对金融安全问题作出合理解释的努力。从研究方法上进行梳理，国内代表性文献体现了如下几个研究视角：

一是从宏微观成本效益的角度分析，史建平等（2006）从中资银行控制权风险和客户信息泄密等问题的角度提出引进战略投资者的改革措施需要慎重；陆磊（2006）运用选择权、治理和风险分担作为银行业对外开放的三个衡量国家金融安全的变量，认为至少在短期内必须保留某种形式的国有独资银行，以平衡金融资源配置，平准货币、信贷和外汇市场。而费伦苏等（2006）则提出银行对金融安全的影响是微观对宏观的作用，由于我国政府的主导作用，目前不必担心金融安全问题；唐双宁（2005，2006）、苏宁（2006）从监管层面回应了人们对安全的担忧，提出引进战略投资者会增强银行业的抗风险能力和国际竞争力，有效促进安全稳定。

二是从国际比较的角度分析，王一江、田国强（2004）对比了中、日、韩三国政府行为与银行改革后认为，中日韩进行的都是强政府主导下的银行改革，有很大的可比性。他们通过对韩国银行业外资战略的分析提出，限制外资进入银行业不是防范金融危机的有效手段，防范金融风险要从根本上消除银行不良资产膨胀的制度性因素。鉴于中日韩这种强政府下的政银关系，只有引进外资才能从根本上改变银行治理与经营机制。据此他们还提出，外资战略要有广度和深度，外资在银行业的比重要大，并以多种形式全面参与一国的银行业。李石凯（2006）研究了境外投资者对中东欧8国银行产业转型与发展的影响，对转型国家银行引进战略投资者持肯定态度。但因为中东欧国家与西方发达国家的经济互补性很强，政治制度与政治环境与我国大相径庭，其休克式改革的很多做法并不适用于我国。

三是从历史比较的角度分析，王森（2005）根据对山西票号衰亡的研究提出，引进战略投资者要防止外国列强通过新式金融对旧式金融的侵蚀，进而达到控制经济的目的；同时认为中国金融业拓展市场业务比改善治理结构更为重要。借鉴我国近代开放历史是一个很好的研究视角，然而需要注意的是，近代中国半殖民地半封建社会的政治经济背景与今天的中国已经没有直接的可比性，况且认为“中国金融业拓展市场业务比改善治理结构更为重要”的观点也仅只是作者的一家之言而已。

四是从银行控制权租金（即通过控制权获得的超额收益）的角度分析，占硕（2005）认为，当控制权租金大到可以补偿控股风险和股权交易成本时，战略投资者就有动机控股中资银行，这也正是我国银行业引进战略投资者的风险。而引进战略投资者中风险防范的关键是通过银行经理目标函数的改变和市场微观基础的改变来降低控制权租金。

五是从外资银行在中国发展的经营动机和经营策略分析，黄宪、熊福平（2005）从业务发展阶段、地域布局、技术优势、企业文化等方面研究外资银行近年来的经营策略变化，意在分析外资银行在华的整体战略。虽然他们研究的落脚点不在金融安全问题，但是为后续研究提供了一个很好的视角。

综上所述，学术界关于银行业控制权的论争，说明银行业控制权维度是研究金融安全的一个关键切入点，同时也反映出广大学者试图从理论和实证上对金融安全问题作出合理解释的努力。但从理论和实证两方面探讨引进战略投资者、银行业控制权与金融安全三者的关系却还有待进一步深入；银行业开放的国际比较值得关注，但由于各国国情的不同，在与中国这样一个转型经济大国的比较中需要认清政治、经济、文化等背景的差异；引进战略投资者带来的任何问题都是中外双方多重博弈的结果，研究外资银行战略的行为以及大国间的金融政策博弈无疑对我国金融业开放战略具有极其重要的战略意义。

2.3 银行业控制权博弈的国际比较

21世纪金融、贸易和技术的流动变化将决定新时代的政治经济现实，外国势力冲击民族国家经济主权必然成为经济全球化的显著现象（索罗斯，2001；徐开金，2003）。以美国为首的西方发达国家作为金融全球化的倡导者与推动者，试图通过货币金融、投资贸易等经济政策以及操控国际组织运作来达到影响他国经济、赢得国际竞争优势的目的。既然金融安全问题的关键是对一国核心金融价值的维护，那么何谓一国的核心金融价值呢？金融是现代经济的核心，金融体系的运转很大程度决定经济资源的配置。一国核心金融价值的维护主要表现为国家对资源配置能力的掌控，在某些极端状况下，政府甚至要具有完全控制和调动全国金融资源的能力。显然，这种能力是通过金融的功能来体现的。从金融功能观（Merton and Bodie，2000）的角度出发，我们可以把基于金融核心价值的金融安全问题理解为对金融资源配置能力的控制权。而金融配置社会资源的功能是由金融机构通过市场来完成的。金融体系的控制权是关乎金融安全最紧要的权力。引进战略投资者就是通过出售股权部分让渡我国银行的控制权。战略投资者拥有一定股权与董事席位，也取得了相应的经营管理与收益分配权限。

基于垄断市场或投机动机的跨国银行并购会对一国经济产生消极影响，所以一些发达国家较早就开始为外资跨国并购设计审查制度，并进行适度的政府干预，这一点在银行业中表现得尤为明显。从世界范围来看，外资参股银行的比重是衡量金融资源控制权的一个显著指标，它直接关系到外资银行参与经营决策的深度和广度（见表2－1）。许多国家都对此设定了上限，并对外资入股本国银行以及建立营业性机构的审查机制进行了严格规定（见表2－2）。一国银行业开放的法律规定表明的是政府对外资进入本国银行业的态度，而一国法律对外资参股比例的限制是对外资的最重要的一道防线。

表 2－1　2003 年部分国家（地区）外资占国内银行业资产比重　单位：%

地区	国家	比重	地区	国家	比重	地区	国家	比重
拉美	墨西哥	83	中东欧	捷克	97	发达国家（地区）	英格兰	46
	巴拉马	59		匈牙利	89		美国	19
	智利	47		波兰	71		挪威	19
	乌拉圭	43		罗马尼亚	47		瑞士	11
	委内瑞拉	43		爱沙尼亚	100		芬兰	6
	秘鲁	42		斯洛伐克	98		日本	7
	玻利维亚	36		匈牙利	82		意大利	6
	阿根廷	62		俄罗斯	9		加拿大	5
	巴西	30	亚洲	韩国	30		德国	4
	哥伦比亚	22		马来西亚	19			
				菲律宾	15			
				泰国	7			
				中国	2			

资料来源：世界银行监管调查（IMF），2003。

表 2－2　部分国家法律对银行业开放限制的相关规定

国家名称	对银行业开放的法律规定
美国	1978 年《国际银行法》确立了外资银行准入的国民待遇原则，1991 年《外资银行监管加强法》为外资银行的准入和扩张建立了统一的联邦标准，确保外资银行业务须受到母国的监管和检查。外国资本要收购美国的银行必须接受联邦和州监管当局的双重审查，超过 5% 的股份必须得到联邦储备委员会的批准
加拿大	外资在银行（以及保险、信贷等金融部门）中持有的股份不得超过 25%；董事的 3/4 必须是加拿大居民；外国银行母行必须在 10 年内于本地股票市场上出让其子公司的大部分股权，使原来由外国母行控股的外国银行子公司最终成为“没有任何个人或团体持有股票 10% 以上的银行”
法国	有稳定战略地位的大集团可持股 20% ~30% 并获得 3% 的折扣，但是需保证不出售股权并在董事会中拥有席位；政府要在具有重要地位的企业中持有“金股”，没有投票权，在关系国家安全等问题时有绝对的权力；非欧盟成员国的外资持股不得超过 20%
澳大利亚	外资银行可以竞标购买澳大利亚小银行，但如果要并购大四银行，政府评估后可以否决。个人或团体持股超过银行有选举权股份的 10% 时，必须经过财政部部长的同意，超过 15% 的必须经过总督的同意
韩国	IMF 要求韩国政府允许外资 100% 控股韩国国内金融机构和外国人有资格进入韩国国内银行的董事会；只需经过韩国金融监管委员会的审批，外资控股的商业银行就可成立。而韩国 1998 年通过了《外资投资促进法》，基本达到了 IMF 的要求：取消了外资只能持股韩国国内金融机构 4% 的限制；当外资持有不超过韩国国内金融机构 10% 的股份时，只需向金融监管委员会报告备案；一旦外资持股超过 10% 时，必须经过金融监管委员会的审批

续表

国家名称	对银行业开放的法律规定
埃及	埃及法人或自然人所持股份在国内银行发行股份中所占比例应该不少于49%，但是单个的认购人所持有的比例不应该超过发行资本的10%
印度尼西亚	在1972年以前就设立分支机构的外资银行才可以拥有银行完全的所有权；新的外资银行在合资银行中的进入，只能拥有不多于85%的股权
马来西亚	13家由外资全部控制的商业银行可以由其现有股东持有；其他银行外资股东所持有的股份不得超过20%
新加坡	外国商业银行不能再设立完全或有限制的银行；新的外资银行只能设立离岸银行分行或者代表处；外国股东组成的一个单独或者相关的集团仅能持有不超过5%当地银行的股份
菲律宾	新组建的任何银行机构中有表决权的股份至少70%必须由菲律宾居民持有，除非是菲律宾已经存在的外资银行的分行或代理行的设立；经过菲律宾总统的批准，外资银行持有本地银行的股份可以从30%增加到40%
印度	外资银行许可证的批准按照印度现行的法律进行，包括新进入者和已有银行在内，每年限发12张许可证；经许可在印度从事银行业务的外国银行分支机构向其他金融服务公司的投资不得超过其拥有资金的10%或被投资公司资本金的30%，以两者中较低者为准；当外资银行在印度的表内和表外资产总额占印度银行体系表内和表外资产总额15%以上时，对新进入的外资银行将不发许可证

资料来源：根据各国金融相关法律与银行监管条例整理。

从国际银行业的发展来看，以跨国合资并购为特征的开放进程是大势所趋，然而在金融国际化过程中能够明显看出，由于不同国家的地位与态势强弱分明，每一个国家的开放都存在多种力量对该国银行控制与反控制的博弈，其中部分国家能够主导开放进程，有效控制速度、广度等关键指标，而部分国家却在全面迅速的开放中丧失了本国经济体对银行的控制权。我们可以结合不同国家类型与开放现实来分析各国银行业控制与反控制的博弈。

2.3.1 大国银行业反控制的决心与措施

银行的兼并收购也经常在大国，特别是欧美发达国家之间发生，某些并购案件在规模上排名世界前列，然而经过大量并购，大国银行业的实际外资份额还是相对较低。实际上，任何一个政治经济大国都不可能不对外资进入本国银行业加以限制。例如美国、法国等号称金融自由化程度很高的发达国家，它们对外资进入也有明确限制，而其相应的实际外资控制比重也不大。

俄罗斯虽然经历了激进经济改革的痛苦，甚至发生过金融危机，但是在中东欧转型国家银行业普遍对外资全面开放的背景下，俄罗斯还是牢牢地将银行业控制权掌握在本国手中。中国的金融监管政策也表明，国有资本在相当长的时期内将保持对四大商业银行的绝对控股地位。英格兰的外资比重较高，是因为英国银行业非常发达且开放较早，在外国银行进入英国市场的同时，英资银行也对等地进入了对方市场；另外英国的外资银行大多来自美国以及各英联邦国家，在政治上没有冲突，而英国也设置有外资并购方面的壁垒。因此，在现实中没有出现大国银行业被外国控制的案例，不管是否由国有资本控股，要想在世界政治经济舞台占有一席之地的大国都需要将资源支配权牢牢控制在本土金融企业手中。

印度的银行业改革在发展中的大国中是比较成功的，其主导思路是弱化金融压抑、打破金融垄断，发展私人银行，培育良好、公平公正的金融竞争的环境。总而言之，重点是体制改革，改革政府垄断的金融体制，外资引入不是主要的。当然随着体制改革的推进，20 世纪 90 年代后期印度对外资管制有一定放松，但与其他国家相比，限制还是比较严格的。为保护本国的金融业，对于市场准入规定了较多的条件和限制，表现在限制外国金融机构的数量，或限制某个分部门的外资总额。印度每年只颁发 12 个外国银行许可证，并且外国银行的资产不能超过整个国内银行资产的 15%；1996 年以前，印度外资银行的控制率几乎为零，截至 2003 年底，印度银行的外资控制率也仅为 3.85%。①

印度银行业改革取得了国际市场公认的良好效果。印度的金融系统比较健全，而且管理体制国际化程度高。印度银行的坏账远比中国银行低，印度的股票市场也比中国成熟得多。根据标准普尔公司公布的评级报告，截至 2004 年，印度银行的不良资产比率在 8% ~10% 之间，资本充足率达到 9%，超出巴塞尔协议一个点。印度银行的年利润增长率在现有的数据中是世界最高的，1996 ~2001 年印度银行的年利润增长率为 39%，而世界银行平均年利润增长率为 18%，同期中国银行年均增长率仅为 3%。印度国民银行（最大的国有银行）2004 年资产收益率 0.99%，达到国际水平。

① 资料来源：FITCH IBCA 数据库 BANKSCOPE。

2.3.2 中小国家银行业控制权的博弈与平衡

多数中小发展中国家在世界银行业整合过程中处于劣势地位，很难与发达国家抗衡。而它们愿意开放银行业让渡部分主权的原因，正如德国经济学家觉特拉赫（1995）所说，是全球化增加了它们从经济上把本国发展成为工业化国家的机会。因此即使充满风险，小国还是愿意把经济主权有限制地、部分地与外国势力分享。由于银行业的特殊性，多数国家在开放银行业问题上还是显得较其他产业谨慎小心。政治经济背景的不同导致中小国家对待外资态度的差异，其银行业开放的总体进程、对哪些国家开放等等都是由这些国家对于自身金融安全的不同理解而决定的。目前对外资进入银行业不设限制的国家大多集中在中东欧和拉美，在这些国家，外资占据了其银行资产绝大部分份额（见表2-1、表2-3）。经济危机或经济急剧转型是其中最直接的诱因。然而不管是亚洲、拉美金融危机及其救助还是中东欧政治经济转型，美国和西欧发达国家的政策态度都是左右其进程的一个极重要因素。它们操纵 IMF 等国际机构并辅以政治经济政策的配合，压迫发生经济危机的国家实施苛刻的财政货币政策，并且促使其尽量开放各类市场，让跨国公司能够有机会控制这些国家银行业等核心经济命脉。从更广泛的案例来看，很多中小国家银行业的开放进程并不完全由本国力量所主导，背后总有大国利益的痕迹。

表2-3　　拉美和中东欧国家2001年各类银行的资产占比　　单位：%

国家/地区	国有银行	私人银行	外资银行			
			全部	欧盟	美国	其他国家
拉丁美洲						
阿根廷	32.5	19.1	48.4	33.6	12.1	2.7
巴西	46.0	27.0	27.0	15.7	5.3	6.1
玻利维亚	18.2	56.5	25.3	10.4	4.5	10.4
智利	12.9	45.5	41.6	32.4	5.5	3.8
秘鲁	10.8	43.2	46.0	34.8	5.6	5.6
墨西哥	N/A	17.7	82.3	53.7	23.7	4.8
东欧						
罗马尼亚①	41.8	3.0	54.9	46.0	4.5	4.4

续表

国家/地区	国有银行	私人银行	外资银行			
			全部	欧盟	美国	其他国家
波兰	23.1	5.4	71.5	60.2	10.4	0.9
斯洛伐克	33.0	6.4	60.5	51.8	2.8	5.9
保加利亚	18.1	10.3	72.0	62.9	1.3	7.8
捷克②	4.3	25.7	70.0	58.1	6.3	5.6
爱沙尼亚	N/A	2.0	98.0	98.0	N/A	N/A
匈牙利	44.6	3.2	52.2	39.2	8.6	4.4
斯洛文尼亚	14.3	19.6	66.2	66.2	N/A	N/A

注：①按照外资资产占该国银行业总资产的比重计算。如果外资控制50%以上的股权，即将该银行全部资产算作外资银行的资产。

②按照外资资本占该国银行业总资本的比重计算。

资料来源：《银行家年鉴》和国家公开出版物，转引自中国人民银行报告2006年度第11期（总第35期）《金融机构股权多元化趋势与影响》。

（1）中东欧国家转型中的银行业开放。波兰、捷克等经济转型国家曾经试图凭借自身力量完成国内银行体系改革而都没有成功。在对待外资的态度上，它们基本上都存在一个从抵触到接纳的转变过程，最后由于政府急于加入传统的欧洲体系和推行银行非国有化改革，20世纪90年代后期这些国家都对外资全面开放了银行业。目前，中东欧是银行业被外资控制程度最高的地区，各国银行业外国资产占比普遍超过了80%。然而在这种情况下，这些国家政府仍然十分关注银行市场的竞争，避免单个外资银行垄断国内金融市场。

（2）墨西哥、韩国危机后的银行业开放。墨西哥的法律从20世纪80年代开始就禁止国外的银行在国内经营。即使在1994年墨西哥、美国和加拿大签署的NAFTA协议中，也严格限制外资银行在墨西哥的准入。然而在1995～1996年银行大规模危机的背景下，为了获取IMF、国际清算银行以及美国的500亿美元救助，政府于1997年彻底改革了银行业法律，允许外资银行不受约束地进行经营。这次改革掀起了兼并收购的浪潮，到2004年6月，外资银行占有了约82%的银行资产。墨西哥19家银行中有7家被外资并购，这7家银行控制了银行资产的75.5%，外资银行的分支机构又控制了6.2%的资产，因此，墨西哥的银行业基本被外资所掌控。

1997年的金融危机也改写了韩国金融业的发展模式。1998年2月，金大中政府以实施鼓励外商直接投资的方式来摆脱国内经济危机；为获得570亿美元的贷款援助计划，韩国政府基本满足了IMF提出的进一步放松金融管制的苛刻要求（见表2－2）。这一波金融自由化政策直接导致1998年后外资大量涌进金融业，韩国主要商业银行被外资控股（见表2－4）。截至2003年9月，韩国商业银行外资持股比例达到38.6%，外资的银行资产比例达到30%，比危机刚过的1998年底增加了3.3倍。然而针对外资过分介入的问题，韩国国内民族情绪高涨，反对的呼声非常强烈，政府也进行了不同程度的干预，因此韩国银行业的开放程度还远小于波兰和墨西哥等国。中国建设银行汉城分行行长陈彩虹的一段评论非常贴切地描绘了韩国的现状："国际货币基金组织对韩国危机的拯救，既有天使之功，又含魔鬼之虞。"这正是当今韩国经济最为明显的特征。一方面，韩国的市场化程度越来越高，与国际接轨的范围越来越大，得到国际经济社会的认可亦越来越多，韩国由此获得了更多的国际经济交往的好处；而另一方面，真正属于韩国自己能够控制的东西越来越少，大企业集团和几乎所有重要行业的重要机构，均由外国资本控制，国际经济社会中任何细小的波动，都会对韩国经济产生重大影响，韩国无可奈何地承担着经济控制权丧失带来的无可估量的经济成本。

表2－4　　外资持股韩国国内主要银行

银行	1997年底		2003年底	
	外资股份	主要股东	外资股份	主要股东
Kookmin银行	无	政府：37.6%	73.6%	纽约银行：10.4%
Woori银行	8.6%	三星人寿保险：6.6%	4.5%	韩国存款保险公司：86.8%
Hana银行	21.3%	Kyobo 保险：7.7%	37.2%	韩国存款保险公司：21.7%
Shinhan银行	23.4%	在日本的韩国人：23.4%	51.8%	花旗银行：46.4%
韩国外换银行	2.7%	韩国银行：47.9%	71.0%	Lone－star：51%
Hanmi银行	29.4%	美国银行：18.6%	89.1%	KAI：15.7%
韩国第一银行	0.1%	Daehan人寿保险公司	48.6%	新桥资本：48.6%

资料来源：《外资进入对韩国国内民营银行业绩的影响》（Hyun E. Kim and Byung-Yoon Lee，2004）。

（3）阿根廷银行业对外资的依赖。阿根廷对外资银行过度依赖，导致外资控制了本国银行体系，致使国家金融主权削弱甚至丧失。在过去十年的私有化过程中，阿根廷经济已外资化甚至外国化，外资控制了阿根廷经济命脉，银行体系也是如此。截至2003年，阿根廷十大私营银行中，七家为外资独资银行，两家为外资控股银行，商业银行总资产的62%～68%被外资银行控制。而在2001年阿根廷危机发生后，外资银行采取规避风险的机制。坚决拒绝向子行注入资金，甚至毫不负责地撤资。阿根廷金融形势开始恶化后，阿根廷被迫实行IMF严厉的紧缩措施“零财政赤字计划”。11月底，在阿根廷无法完成该目标的情况下，IMF断然拒绝提供计划中的贷款，由此，阿根廷也无法获得世界银行、美洲开发银行和西班牙政府等预定提供的贷款（贷款额总计50亿美元），从而把阿根廷逼到财政和债务破产的边缘。

3

银行业控制权的理论研究

银行业开放带来的控制权威胁是东道国政府和人民要面临的严重困扰。对研究者来讲，谈银行控制权已经是非常困难，要给银行业控制权的分析建立一个框架就更是难上之难。然而，本书不能回避这样两个问题：首先，控制一家银行到底需要控制住什么？进而，一国银行业的控制权体现在哪些方面？破解第一个问题，我们从基本的经济学概念入手：银行是企业，而企业又是要素的契约集合，可以说控制要素就能控制企业。然而哪些是核心要素呢？中资外资、战略投资者、契约资本主义等术语都说明资本的代表及控股权是基本的控制性要素；对现代银行来说，资本不是唯一核心要素，本章还将从特殊性和核心竞争力构成出发，解析银行的非资本控制性要素。对于第二个问题，银行业控制权的基础是产权比例，市场占有率，信息资源，人才资源，还是资金清算网络？本书认为，控制权不是银行资本总量和家数的简单加总。银行业控制权的核心是控制银行市场，以及控制银行业资源对国家经济与安全局势的辐射能力。对此本章将从经济层面进行分析，在后面章节再加入国际政治层面的解释。

3.1 企业控制权配置与产业控制理论

3.1.1 企业控制权的配置

（1）企业与企业产权。在经济学理论中，资源是指能够带来利益的各种手段的总和，资源的稀缺性是经济学的一个基本假设。对于企业而言，资源是指厂商为有效生产或获取市场价值而需要的各种有形资源和无形资源。因此，企业总是作为一个契约方式组织起来的生产性资源集合而存在。按传统经济学的定义，企业是集合生产要素，并在利润动机和风险条件下，为社会提供产品和服务的经济组织。而科斯认为，企业是代替市场的相对固定的长期的契约的集合。

产权是经济所有制关系的法律表现形式。它包括财产的所有权、占有权、支配权、使用权、收益权和处置权。《新帕尔格雷夫经济学大辞典》将产权解释为一种通过社会强制而实现的对某种经济物品的多种用途进行选择的权利。因此，产权可理解为一组关于行为的选择权，是在一系列可能的行为集合中作出选择的权利。从此角度出发，实质上产权就是在一系列可选择的排他性行为中作出选择的权利，是行为性权利的集合。企业产权是一种法人产权，即法人财产权，其中包括经营权，是指法人企业对资产所有者授予其经营的资产享有占有、使用、收益与处分的权利。法人产权是伴随着法人制度的建立而产生的一种权利。

在企业契约理论看来，企业是一种关系契约，这一契约确定了企业成员的合作方式，以及合作过程中重大事宜的处理程序和原则，其中最关键的，是确定了契约未尽事宜处理权的归属即企业权威的主体。企业契约理论对企业制度的探讨，集中在应该由谁在什么时候以什么方式行使企业决策权，并把风险责任与风险收益相对称作为决策权配置的原则。由于企业风险集中体现在剩余索取权上，因此决策权配置也围绕剩余索取权展开，表现为企业控制权与剩余索取权的匹配。

（2）企业控制权及其配置。控制是一种作用关系，是一方对另一方的状态变化的决定性和支配性，甚至绝对性的影响力。所谓控制权，就是权利主体可以将其意志自由地施加于某物，而同时有排斥他人对同物实施同种行为的权利。企业控制权与一般意义上的控制权是有差异的：一般意义上的控制权侧重于主体对于客体的绝对意志。而 Lasswell 和 Kaplan（1950）、Wrong（1994）将企业中的控制权定义为在企业中能够产生某种预期效果的能力；李美清（2005）认为，企业控制权是指对企业所有可供支配和利用资源的控制和管理权利与能力，是一组权利束，是企业产权的具体体现。企业控制权的实施体现为企业资源的配置过程。企业控制权的配置决定了企业资源配置的效率，影响企业绩效。

企业资产所有权和经营权相分离并引出企业控制权配置问题。Berle 和 Means 从经济学命题的角度，把以所有权和经营权分离为核心的控制权配置问题摆到了公司理论争议的中心位置。随着 20 世纪 80 年代以来公司治理理论的提出及其系统性研究，有关控制权理论研究更加深入。对于企业控制权的配置问题，现有文献存在众多不同的观点。随着现代公司制企业资产权利的控制结构由简单向复杂演化，企业控制权概念具有多元和多维度特征，特别是随着经济中大量新型企业的出现，人力资本在企业中作用的日益重要，不同理论之间就此问题的争论也变得更为激烈。

控制权配置的核心是确定契约未尽事宜处理权的归属即企业权威的主体。不同的企业控制权定义，都没有离开一条主线，即剩余权益的配置。在企业契约理论看来，企业决策者必须是企业风险的承担者，必须具有风险承担的能力和动力。由于企业风险集中体现在剩余索取权上，因此决策权配置也围绕剩余索取权展开，表现为企业控制权与剩余索取权的匹配。剩余索取权归谁，企业控制权也就归谁，后者是前者的派生权益（张维迎，1995）。拥有所有权的股东委托拥有管理权的经理层代理公司的资产。经理的代理与股东委托在运作过程中，由于各自目标与偏好的不同，会产生道德风险，所以最初的公司治理机制就是研究股东与经理之间通过制度安排来达到相互的控制与约束。企业控制权是剩余索取权交易的契约结果，关键在于监督机制的建立和运用。由于企业监督机制总是正式制度的产物，主要通过职权结构体现出来，因此，企业控制权的归属问题集中体现为企业职务权力的配置问题，由此得出企业控制权主要是投票权，谁掌握了董事会的投票权，企业控制权就归谁的结论（张维迎，1995）。

然而，基于所有权的控制权机制不足以说明现实的企业控制权状况，在企业控制权的实际归属问题中，最重要的探讨是针对企业内部人控制问题进行的。所谓企业内部人控制，是指企业支薪人员对企业行为的控制。内部人控制体现了企业资产的经营使用权和企业行为的事实控制权。掌握了董事会投票权的投资者并不一定能控制企业。企业控制在谁手中，意味着谁在支配着企业行为并以此实现着自己的利益。从形式上看，企业控制在谁手中，意味着谁有能力支配企业行为并使这种能力取得合法的地位。由此可以得出如下结论：所谓企业控制权，是支配企业行为以实现自身利益的能力。谁具有这种能力，企业控制权就归谁所有。以此考察企业控制权状况，可以看到控制权实际归属的不同类型，即企业控制权可能归投资者所有，也可能归经营者或其他内部人所有，最有可能的是在他们之间进行一定程度的配置。

基于此，Aghion 和 Tirole（1997）将企业的控制权划分为名义的控制权（Formal Authority）和实际的控制权（Real Authority），他们的这种划分是继承了韦伯的合理的控制权（Rational Authority）与法定的控制权（Legal Authority）的划分。主流企业理论中对于剩余控制权的定义是可以按任何不与先前的合同、惯例或法律相违背的方式决定资产所有用法的权力（Hart，1995）。实际上，关于名义控制权与实际控制权的划分就是基于剩余控制权的概念，突出了拥有权力与行使权力的区别。李美清（2005）基于对委托代理关系中权利分布的考察，提出可把控制权分为两种：一种是所有权意义上的控制权，它是一种绝对的控制权，其权能范围可以是人们所能够想到的一切针对自己财产的行为的权利；另一种是非所有权意义上的控制权，是一种相对的控制权，即非财产所有者对财产的控制权，其由所有者或非所有者授予的派生的控制权，其权能范围要受授权者的授权范围的约束。

上述文献对于控制权的划分都是基于两权分离的委托代理理论，强调了股权与经营权的配置。然而在现代企业理论，特别是利益相关者理论中，企业的其他利益相关者也对企业存在着相对控制的可能性。比如说来自于债权人的控制、劳动者（工会）的控制、政府的控制。总的来说，企业控制权是拥有对企业剩余权益的支配和处置权力。控制权具有排他性的特征，即不允许其他主体对企业施加同样的作用。这种权力的特殊性是基于主体对企业某种核心资源或核心要素的占有。Hart（1995）主张“拥有重要投资或重要人力资本的一方应该拥有所有权”。传统的经济学理论是基于契约的资本主义理论，由股权（货币化资本的所有权）占有剩余控制权。然而，在创新的企业理论里面，控股权不一定具有绝对的控制权，还要看对于企业运作至关重要的核心资源控制或能力在哪个主体的手里，因为离开了这些要素，企业可能遭受重大损失甚至瘫痪。因此从这个意义上来说，企业的控制权可能有如下几种配置情况：

①对于大多数企业，控制权控制在控股股东手上。

②根据委托代理理论，管理者通过占有经营权取得相对的控制权。虽然经理层可能因为私利而具有道德风险，然而在具有有效监督机制的条件下，管理者的决策和行为与股东通常是默契的。

③对债权集中的高负债企业，债权人（如银行）一般会寻求对贷款集中企业的较强控制力。

④在工会强大的经济体内（如德国等国家），代表劳动者的工会会对企业施加很强的控制，会左右企业的决策和行为；在某些特殊行业或企业（如装备制造业、IT 科技企业），拥有核心技术的知识工作者或者利益集团由于具有特殊价值而可能取得企业非正式的相对控制权。

⑤政府的干预是经济生活的重要组成部分，政府一般对企业具有或多或少的控制权。在市场经济中，对外部性高的特殊行业，政府规制的力度比较强，政府对企业的控制权也较大。另外，准入限制赋予了特殊企业的特许权价值，而这种企业经营的特许权本身就可能成为一种核心的资源。而在完全计划经济时期，企业完全没有自主权，政府对企业的完全控制是一种极端状况。

通过上述的分析，我们可以理清企业产权、控制权、控股权的关系。产权是一系列权利的集合，而在资本主义价值观里，（资本）所有权或股权是产权的核心。然而，控股权只是代表控制企业所有权的数量，而掌握排他性的核心资源或能力同样可以取得对企业一定程度的控制。银行本身就是一个以利润最大化为目标的企业。本书将银行控制权总结为以下几种配置模式：基于控股权的控制权模式、基于非控股权的控制权模式（包括基于委托代理关系的相对控制权、基于非资本核心要素的相对控制权、政府对银行的相对控制权）。其中，银行非资本核心要素将是本书研究的重点。

3.1.2 产业控制权：宏观分析

（1）产业控制理论。产业控制是指特定的经济主体通过市场或非市场的机制，主导或控制一个国家（地区）的产业发展的方向和深度的现象。跨国公司产业控制是指跨国公司这个特定主体为了获取长期垄断利润，通过其所拥有的垄断优势的市场力量或非市场力量抢占东道国市场，排挤东道国民族企业的现象，产业控制是一个过程性控制。所谓市场权力是指企业对市场的控制能力，企业对市场权力的追求是企业购并的一个主要动因。在 20 世纪初开始的购并浪潮中，许多公司进行购并都是基于此原因。

跨国公司产业控制理论源于海默（Hymer）和金德尔伯格（Kindleberge）提出的有关跨国公司垄断优势的理论。该理论认为，企业走向国际化的主要目的是为了充分利用独占性的生产要素优势，即垄断优势，控制国外企业，借此控制东道国的市场。因为跨国公司拥有资本优势和技术优势，它们可以通过新产品及相关技术对东道国市场形成生产要素的垄断，最后垄断市场。在海默看来，对外直接投资的关键在于控制企业，以避免每一个“结合点”成为独立的市场和经济利益单位。国际投资者要求对企业的控制权的原因是为了排斥东道国当地企业的竞争，确立垄断优势。国际大企业一旦确立垄断优势，也就必然从国内垄断发展到国际垄断。垄断资本要垄断一切市场，“就不仅要从国内市场，同时还要从国外市场上将竞争者排除掉”。① 可以说垄断优势理论是西方产业控制理论的核心，因为获取垄断优势既是跨国公司对外直接投资的基础，也是它们对东道国实施产业控制的手段和方式。

根据垄断优势理论，陈晓风（1999）、何强（2000）、景玉琴（2006）、何金旗和喻丽（2006）等国内学者提出了跨国公司在对外直接投资中的企业和产业控制方式，在他们的研究中没有明确提出跨国公司对企业控制和对产业控制的区别。在以往的文献中对产业控制的方式总结起来有如下三个方面：

①技术控制。跨国公司进入东道国市场很多靠的就是技术优势，但从自身利益考虑，跨国公司力求保持技术优势，会严格控制技术的扩散，并不轻易向东道国企业转让技术。跨国公司很少考虑把东道国作为技术研究开发场所，跨国公司在直接投资时一般把研究与技术开发部门放在国内，而把设在海外的公司仅仅作为生产基地，然后根据其战略有步骤、有重点地向海外扩散技术，通过控制技术转让的方式、范围和速度，达到跨国母公司的战略目的以及 R&D 的规模经济。而在合资企业中，这种有控制的技术转让增强了母公司在合作过程中的讨价还价能力，从而控制该合资企业朝着自己战略规定的方向发展。

②股权控制。跨国公司在合资企业中要求控股，事实上是寻求对企业的绝对控制。跨国公司在东道国以控股公司为核心而形成经营系统，操纵和影响一大批协作配套厂家，获取研发、生产、销售网络以及各类市场信息，形成可以

① 《列宁全集》，中文版，第 23 卷，35 页，北京，人民出版社，1990。

部分或充分控制东道国市场的实力。跨国公司控股的结果使跨国公司和合资企业成为母子关系，使合资公司成为全球网络中的一个节点。

③市场控制。跨国公司国际投资的目的不是着眼于即期利益，而是注重长远利益，确切地说是为了占领市场，推行全球战略。通常在东道国生产，在东道国销售。这样，跨国公司凭借着雄厚的资金、品牌、营销和技术等方面的垄断优势，排挤当地企业，逐渐占有市场份额。表 3 - 1 为外资工业企业在我国市场的销售情况。

表 3 - 1　　外资工业企业在我国市场的占有率

年份	外资工业企业销售收入（亿元）	全国工业企业销售收入（亿元）	外资市场占有率（%）
1993	3 290. 77	38 084. 13	8. 64
1994	5 528. 81	42 398. 57	13. 04
1995	9 022. 61	52 936. 21	17. 04
1996	10 815. 20	57 969. 98	18. 66
1997	13 019. 55	63 451. 48	20. 52
1998	15 604. 60	64 148. 86	24. 33
1999	17 966. 55	69 851. 73	25. 72
2000	22 545. 74	84 151. 75	26. 79
2001	26 022. 08	93 733. 34	27. 76
2002	31 189. 27	109 485. 77	28. 49
2003	43 607. 63	143 171. 53	30. 46
2004	57 831. 51	187 814. 77	30. 79

注：根据历年《中国统计年鉴》整理计算，统计口径为全部国有及规模以上非国有工业企业。

资料来源：李孟刚、蒋志敏、李文兴：《中国产业外资控制报告》，北京，北京交通大学论文，2006。

（2）企业控制权与产业控制权的联系和区别。从研究文献中我们可以看出，在一般意义上对产业控制的实质就是通过控制产业中的企业来获取整个市场的控制权。可以说，企业控制权就是相应产业控制权的微观基础。因此，以往研究没有严格区分两者的关系，在研究跨国公司控制动机、控制方式的时候，经常混用企业控制权和产业控制权的概念。然而，准确地说，一个产业不是在其中的所有企业的简单加总，而产业控制权也不是企业控制权的简单加总。产业控制权是一个较宏观的概念，研究跨国公司对东道国企业和产业的控制，要从以下方面来区分。

①控制企业的主体来自于企业自身的各类利益相关者，控制主体可能是自然人、法人甚至是政府，但是这里都是把他们作为一个市场微观主体来研究的。企业控制权配置属于公司治理理论的研究范畴。然而研究产业控制一定是在开放经济的背景之下研究跨国公司或者外国势力对东道国某个产业整体的控制机制，产业控制的主体是国际利益集团，包括东道国的企业集团、跨国公司集团、东道国政府以及相关的外国政府和国际组织。产业控制的研究要涉及新古典经济学和国际政治经济学的内容，政府规制在其中具有重要的意义。

②跨国公司对控制权的争夺是发生在合资企业内部的，控制的对象是单家企业。然而控制合资企业只是跨国公司控制东道国产业的手段之一。要控制一个产业，在监管允许的情况下跨国公司更愿意成立不受约束的独资公司，这样更有利于扩张控制市场。因此，产业控制不单是要控制企业，更重要的是要控制市场。产业的控制权是一个广义的分布状态，它跟控制企业的质量和数量有关，更与市场的垄断情况相关。因此，在产业控制权的研究中必须加入产业中市场结构的因素。

(3) 产业的市场结构对控制权的影响。市场结构理论是用于分析产业中企业间竞争机制的理论。古典经济学从产品的同质性假设出发，把企业的竞争归结为单纯的成本—价格竞争，并认为较低的产品价格是决定企业市场占有率，从而也是决定竞争力的主要因素。而随着垄断资本的出现，以中小企业为竞争基础的完全自由竞争模式受到垄断势力的威胁。现代经济学将市场结构分为完全竞争市场、垄断竞争市场、寡头垄断市场和完全垄断市场四种基本模式。在市场结构的研究中，重点关注产业内企业竞争发展的竞争性理论在20世纪30年代由张伯伦（E. Chambeilin）、罗宾逊夫人（J. Robinson）、梅森（E. S. Masson）和贝恩（J. S. Bain）等人提出，即所谓的SCP（结构—行为—绩效）理论。SCP的核心思想是市场结构反映了市场的竞争状况和垄断关系，是决定企业市场行为的基础。市场行为是企业为达成利润最大化目标而采取的适应市场的策略，市场行为又决定了企业的市场绩效。随着SCP理论的发展，学者重新审视各种多重博弈的企业战略竞争模型，倾向于企业长期竞争行为分析，引进了现代企业理论，涉及现代产权制度安排下的企业内部控制权问题。

在SCP分析中，市场结构取决于市场集中度、产品差别化、进入和退出壁垒、市场的价格弹性等因素。市场行为分为价格行为和非价格行为，在非价格行为中包括了企业的并购和控制行为。一个传统的结构引导行为假设认为，由于受潜在利益的驱使，金融等产业企图通过市场集中的方式来获取更大的市场权力（Market Power），然后从中获取超额利润，因此传统观点担心由此造成的高度市场集中及垄断利益会引起市场竞争机制的降低，从而损害社会和公众利益（Clack，1996）。既然控制行为是企业市场行为的一种，市场结构又是决定市场行为的主要因素，那么，市场结构也能够决定市场主体的控制行为，换句话说，东道国某产业的市场结构会影响到跨国公司对东道国企业的控制方式，跨国公司或者其他国际行为体会通过对市场结构的分析，寻求最有可能对东道国产业形成控制的途径。那么，我们可以借用SCP分析逻辑得出以下结论：产业的市场结构可以决定产业的控制方式，产业的控制方式又决定了产业的实际控制状况。

①产业的市场结构决定控制权分布。产业的竞争程度和附加值的高低决定了出现产业控制可能性的高低，跨国公司总是乐于控制那些附加值高、容易形成垄断的产业。完全竞争的市场结构是一种理想化的经济学假设，在完全竞争的市场里，只存在价格这一个市场因素，任何市场主体都是价格的接受者，都不可能获得超额的利润。既然市场主体寻求产业控制是基于垄断优势，寻求垄断利润，那么在竞争性非常高、企业非常分散、产品附加值非常低的市场结构中，主体就失去了寻求控制的动机。我们可以用经济开放的实际情况来验证，市场竞争充分、附加值很低的产业通常是劳动力密集型产业，如纺织业、家电制造业等，发展中国家具有比较优势，跨国公司的兴趣比较低，因此，这些产业没有所谓的控制权方面的威胁和安全问题；金融和装备制造等资本或知识密集型产业在世界范围内都具有垄断性质，而发展中国家总是担心它们的控制权安全。

②产业的市场结构决定企业控制行为。产业的垄断程度影响着跨国公司的控制策略和控制行为。考察东道国产业垄断程度的高低，对意欲控制该产业的跨国公司来说是必需的战略规划步骤。在垄断竞争的市场结构下，跨国公司通常采用建立独资公司、参股控股本土知名企业，来利用品牌优势、差别化的产品控制市场。而在东道国企业寡头垄断或绝对垄断的市场里面，东道国的寡头企业基本控制了该产业，跨国公司要想取得控制地位就非常困难，通常只有通

过参股东道国大型企业或者扩张独资机构，用非股权方式在该产业取得相对的控制权。

（4）政府规制对产业控制权的影响。政府规制是政府部门依据一定的规则对企业活动进行限制的行为，其目的是为了修正市场制度的缺陷，避免市场经济运行可能给社会带来的弊端。[①] 政府规制是一种制度安排，也是政府对利益分配和经济结构的调整过程。政府规制一般包括经济规制和社会规制两个方面。经济规制是政府对缺乏竞争的垄断行业（传统意义上的国家垄断产业）的企业行为进行规制，例如调控电力价格、银行反垄断措施等。社会规制是指政府在服务和产品（传统意义上的外部性）的生产与消费涉及环境、健康和安全方面的问题时，对个人或公司的行为进行控制，例如控制工业企业的排放物，制定食品安全标准等。

在市场经济中，政府规制是为了修正市场失灵，防止垄断和外部性的出现。经济法和行政法赋予了政府对企业和产业进行一定程度干预的权力，这样，政府取得了被规制企业或行业一定的控制权。对“市场状态的确定”是决定政府干预的指南。政府规制很强的产业是具有高外部性和容易形成垄断的产业，也就是所谓的战略性产业或关系国计民生的产业。然而，这些产业恰恰也是跨国公司争夺的重点。

对跨国公司想要进入的企业和行业，政府的关注度肯定更高，因为还存在经济主权和产业安全的问题。一般来说，战略性产业控制权的争夺不只是经济学范围的问题，控制产业不是外国势力的最终目的，而只是取得国际地缘优势的手段。这更涉及政府国家安全和国际关系方面的考量。无论哪个国家都不愿意放弃民族产业而仰人鼻息，东道国政府一般都会干预跨国公司取得本国产业的控制权。因此，东道国政府规制对产业控制权具有决定性的影响，政府的干预是跨国公司掌握东道国战略性产业的最大障碍。政府的规制对产业控制权的分布具有极其重要的意义。

---

① 徐平、陈丽华：《论政府规制的适度性把握》，载《经济与管理研究》，2006（10）。

3.2　银行非资本核心要素的解析

文献中没有直接研究掌握了什么样的资源可以在非控股的情况下取得企业控制权，大量的研究集中于企业竞争优势或核心竞争力的议题上。企业竞争的实质是企业争夺产品或服务的市场占有率以及在客户中的信誉和凝聚力。企业的核心竞争力是能使公司为客户带来特殊利益的一种独有能力或技术，它是公司持续成功的关键。可以看出，能凝聚成核心竞争力的要素是企业制胜的关键。这种要素可能是资源形态，也可能是能力的形态，核心要素也具有排他性的特性，即无法通过外部市场获取，缺失这种要素将导致公司整体上的、全局的和长期的损失。对企业外部来讲，掌握核心要素就能够获得核心竞争力，拥有市场优势。对企业内部来讲，掌握给企业带来核心竞争力的要素就能够在一定程度上掌握企业控制权。那么，对于银行这样的特殊企业来说，什么是银行的核心竞争力？银行的特殊性表现在哪些地方？本书试图在归纳银行特殊性的基础上，探询银行的核心竞争力，找出影响银行控制权的那些核心要素。

3.2.1　银行的特殊性分析

商业银行作为一种特殊性企业，它不同于一般的生产企业，其提供的产品不是实物而是虚拟的价值符号，背后提供实质支撑的是信用而非一般产品及其质量与数量。在本书第一章对金融的特殊性质的分析中，我们曾经得出以下结论：银行自有资本比例很少，它的资产来源具有高负债和高杠杆性的特征；而银行是经营信用的企业，银行的资产运用使得其面临的道德风险突出，因为在银行经营的信用链条上，银行的债务人相对容易违约，而银行却很难出现对债权人违约的情况。银行风险集中的特征带来了银行与银行业的脆弱性，而银行业对于任何一个国家又都是具有战略意义的行业。那么，银行的脆弱性和高战略价值又使银行具有很高的社会外部性。

总结起来，银行的特殊性表现在以下几个方面：

（1）经营基础特殊。资产负债比率高，银行是高风险性企业。

（2）经营性质特殊。银行立足于纯粹的信用支撑，赖以为继的是信誉和客户信心。

（3）经营产品特殊。银行经营信用和风险，其产品具有虚拟性。而银行产品通常具有同质性和可替代性，产品的内容和形式很难保密，产品的专利保护只能通过授予市场金融产品计算机程序的独占权来间接地保护。[①]

（4）成本收益非对称性。银行经营的是货币财产，由于社会财富的不均衡配置，银行客户根据业务金额的大小分为差异很大的等级。然而，每笔银行业务的成本相对固定，边际成本趋近于零，银行收益却随业务金额增加而增加，因此，银行业收益呈现“二八原则”，少数客户带来大多数收益。银行竞争的焦点集中在高收益率的高端客户群。

（5）知识密集型。专业壁垒高，对人才的能力和经验有很高的要求。核心人才对银行具有举足轻重的作用。

（6）高外部性。银行业关系国家的经济命脉，银行的社会功能具有正外部性，而银行危机也会给社会带来很大的负外部性。因此，银行业是战略性产业，具有高度的社会关联性。

3.2.2 银行核心竞争力的文献研究

斯蒂格勒（Stigler，1986）指出：“个人（或集团或国家）之间的角逐，凡两方或多方力图取得并非各方均能获得的某些东西时，就会有竞争。”[②] 而探讨公司持续成功的原因是西方管理学和战略学的一条主线，1990 年，美国著名管理学者普拉哈德和哈默尔提出了核心竞争力的概念，从那以后，关于核心竞争力的研究一直处于管理学和战略学的学术前沿。

（1）银行的竞争力因素。对企业竞争力的研究是纷繁复杂的，不同的文献根据不同的企业性质将竞争力影响因素归结为不同的企业资源或不同的管理环节。总的来说，包括了制度环境、资本规模、品牌、公司治理、组织结构、业务流程、风险控制、产品开发、技术创新、营销、文化、人力资源或知识资本等很多方面。我们可以通过文献梳理将企业竞争力理论归结为以下几种流派：一是基于资源优势的竞争力，它强调竞争力决定于企业的资源价值与取得

① 银行专利权：商业银行专利权主要包括金融产品专利及金融产品专利管理在内的系统专利，银行的信息系统和计算机程序也受专利的保护。银行产品的专利保护主要是通过授予市场金融产品计算机程序的独占权来间接地保护。此外，商业银行的商业秘密主要根据《反不正当竞争法》来保护。

② 《新帕尔格雷夫经济学大辞典》，“竞争”条，中文版，北京，经济科学出版社，1996。

资源成本的比值。二是基于价值链的竞争优势，它强调生产经营与价值创造的各个战略环节，为客户提供更优的产品和服务。三是基于结构主义的企业竞争理论，它强调企业竞争力来自于规模优势和市场地位。四是基于能力的竞争理论，它强调竞争力来自于智力资本，企业必须不断创新，并为创新提供足够的资产支持。而最新的企业竞争力理论是由世界经济论坛（WEF）和瑞士洛桑管理开发学院（IMD）提出的：企业竞争力不只是决定于初始的竞争资源，而是竞争力资源与竞争力过程（资源配置与运用方式）的统一。

在我国，商业银行竞争力研究领域较有代表性的成果主要有：焦瑾璞（2001）建立了一个包含现实竞争力、潜在竞争力和环境竞争力三个方面若干个具体指标的中国银行业竞争力指标体系；李俊凯（2002）把商业银行竞争力评价指标体系分成9个板块——市场占有能力指标、盈利性指标、安全性指标、流动性指标、经营能力指标、收入结构指标、管理水平、金融创新能力、基础设施，分别研究每个板块银行的竞争力，再综合评价每个银行的竞争力；中国人民银行营业管理部课题组（2004）以首都地区中外资银行的经营机构为样本，通过外部环境因素、银行经营状况、市场拓展能力、创新能力和组织管理能力五个方面比较其竞争力情况，发现中外资银行的综合竞争力悬殊。王元龙（2007）指出，银行业的核心竞争力由成本控制能力、风险控制能力、创新能力和综合服务能力等共同组合构成，它又可以分为核心资源和核心能力。他选取反映核心资源的一级资本、总资产、一级资本充足率和BIS资本充足率，以及反映核心能力的资本利润率、资产收益率、成本收益率和不良贷款率等，来对中外银行的核心竞争力进行分析比较。

综合现有文献，我们可以借助WEF和IMD的研究方法将影响银行竞争力的因素分为关系竞争力、资源竞争力和过程竞争力三个层次（见表3－2）。

表3－2　　银行竞争力层次表

关系竞争力	产权制度、市场结构、监管制度
资源竞争力	资本规模、客户关系、知识资源（管理或技术）、人力资源
过程竞争力	治理、组织、流程、营销、文化、产品开发、风险经营与控制

（2）我国银行核心竞争力的影响因素。核心竞争力是企业长时期形成的、蕴涵于企业内质中的、支撑企业可持续性竞争优势的核心能力。核心竞争力具有独一无二、不可交易、不可复制、长期影响等性质。张维迎教授曾经形象地

将核心竞争力的特性归纳为“偷不去、买不来、拆不开、带不走和流不掉”。什么是企业的核心竞争力，不同的企业有不同的回答。企业核心竞争力能够表现为不同的形态：核心产品、核心技术或核心能力等等。大量的研究文献都很难将核心竞争力具体化，越来越多的国内外学者和企业家对其内涵和外延都作了大量的研究、创新和延伸。目前的主要研究流派有以杰伊巴尼为代表的资源流派、以普拉哈拉德和哈梅尔为代表的技术创新流派、以巴顿为代表的知识流派、以彼得圣吉为代表的组织流派、以拉法为代表的文化流派、以哈默和钱佩为代表的流程流派、以诺思和科斯为代表的制度流派等。国内学者也试图从企业各种关系、资源、能力、知识、制度等方面来解释核心竞争力。

我国理论界对于商业银行核心竞争力的研究还比较分散，没有形成系统的理论。马长有（2003）从商业银行的经济实力、管理竞争力、科技竞争力、员工素质竞争力、环境竞争力五个方面建立了商业银行核心竞争力的综合评价指标，并介绍了基于最大隶属度的模糊数学评价方法。温彬（2004）认为商业银行核心竞争力是个不断发现、识别培育和提升的过程。银行核心竞争力的基础是金融技术，制度保障是组织结构，载体是人力资源，三者相互作用，共同反映银行业的本质：以人为本，通过产品和服务创新，满足客户的个性化需要，最终实现银行盈利。朱纯福（2002a，2007）认为，现代银行核心竞争力是一个综合体系，至少可分解为人才、组织、资本、风险、技术和业务六个方面因素，而且依次排列成为“圈状”结构。其中，第一圈由人才和组织构成，第二圈是资本、风险、技术，第三圈是业务，即银行产品和服务。这“三圈六元素”是个互相依存并进行信息交流和能量转换的统一体，只有在共同作用情况下，才能转变为现实竞争力。

3.2.3 影响银行控制权的非资本核心要素

从银行特殊性和核心竞争力的分析我们可以看出，银行竞争力来自于金融服务能力的差别。由于银行向金融消费者提供产品和服务具有很强的同质性，人们从表面上看产品和服务可能不会有很大差别，而差别的重点在于综合服务能力，即银行对客户需求的透彻了解和准确把握，比对手有更好满足目标客户的路径和手段。核心要素是对提供银行核心竞争力的支撑。占有市场是企业的生命线，利润最大化是最终目标。因此，银行作为特殊企业，对市场和利润影响最大的要素就是银行的核心要素，理所当然地也应该参与银行控制权的分享。核心要素可能是资源形态，也可能是环境形态或者能力形态。除了资本，银行核心要素对控制权的影响体现在以下几个方面：

（1）银行的高外部性需要政府严格的准入限制与业务监管，因此银行具有特许权价值。虽然大多数国家都具有很高的市场化程度，但是金融监管独立的政府对国内所有金融机构都有一定程度的控制权。

（2）银行是经营信用和风险的企业，风险经营与控制能力尤其重要。虽然银行服务没有专利权保护措施，但是，银行的核心风险管理技术、经营管理制度和部分硬件设备属于商业机密，有些也申请了专利。

（3）银行是高知识密集型产业，人才是立行的根本，因此某些核心人才的去留可能对单家银行经营具有重要的意义；而对一国银行体系人才的保有将影响到银行业的控制权。

（4）银行的市场和利润具有典型的“二八”现象，高端客户资源是最稀缺、价值最大的资源，因此控制客户关系和客户信息对一家银行乃至一国银行业都至关重要。

（5）现代银行业是网络化的服务机构，提供支付清算是银行核心功能之一，虽然清算业务只是银行的一项基本业务，然而，整个国家的银行支付清算系统具有战略性地位。

3.3 银行控制权：微观视角

基于控股权的控制模式，由于控股股东可以通过一系列设计良好的组织结构、制度、方法、手段从多角度多方面来对合资银行展开严密控制，因此这种控制是一种有效的强势控制。而由于政策、资金的限制或基于战略的限制，母公司不能控股，只是合资银行的参股人，因此，以股权而论其处于被动地位，不能像控股人那样对子银行进行直接控制，而只能利用非资本优势，掌握银行的某些核心要素，来创造条件索取一部分控制权。非控股权控制是一种相对控制，通常是外资因政策原因不能控股东道国银行而采取的一种寻求控制的次优策略。

3.3.1 基于控股权的控制模式

（1）股权及股权份额的基础性作用。股权和股权份额是资本的代表，其基础性作用表现为以下几点：

①如果不持有东道国银行一定数量的股份，就不能介入银行活动，自然也就无从对银行经营构成影响和控制。参与主体主要以其投入的资源和要素为担保来行使控制权。

②按照股权比例分享合资银行中的决策权和控制权的分配，是由各国公司法或银行法规定的，也就是说，获得与其股权比例相一致的投票权是受法律保护的。而各国股份公司法的一个基本规定是：股东持有公司的股权比例越高，在公司重大决策中的投票权就越大，从而越能控制公司的生产经营活动。

③如果持有的股权比例比较低，达不到控股的比例，则持股者就不能在董事会中获取具有支配地位的席位数，因此不能获得对董事会的控制。但是两权分离的特点决定了控股股东也必须向其他持股者（如经营者或核心要素控制者）实际上出让其所拥有的权利。

④若不能获得对董事会的控制，跨国银行就必须借助于其他资源获取对合资企业的控制。

总之，在现有企业制度安排下，因为股权和股份具有控制合资银行的基础性作用，因此控股权的控制方式具有确定性、稳定性、公开性的特点。跨国银行通常直接借助于对合资银行的控股权占有对合资银行施加影响和控制，这种控股权控制模式兼具名义控制权和实际控制权，且具有法律效力和稳定性，是最普遍也是跨国银行最乐于采用的控制模式。

在控股权的转变过程中，并购是争夺控股权的主要手段。外资银行参股并购我国股份制商业银行仍以协议并购为主。从我国股份制银行目前的状况来看，由于流通股和非流通股并存，控股股东持股比例高，协议并购的现实可能性和操作性远远强于要约并购。在已完成的商业银行资产重组案例中，95%以上仍为协议并购。值得注意的是，要约并购由于更为公开透明，可以有效防止虚假重组、报表重组或者内幕交易、价格操纵等现象，可能成为我国中小商业银行（尤其是股权结构分散、流动性强的银行）资产重组的主要方式。

（2）外资银行的增资扩股冲动。一般来说，跨国银行的投资更着眼于长期利益和战略性考虑，注重参股或者控股的合资银行要服从公司的总体目标。为了能够有利于监督和控制合资银行达成其战略目标，跨国公司总是希望能够在合资银行中获得高股权比例，能够获得股权比例过半的绝对控股地位。由于各国政府对银行业都有严格的准入监管，对外资银行参股的股权比例有严格的限制，故在创建时跨国公司往往不能获得令其满意的股权比例，于是，在合资经营后利用机会增资扩股，提高己方在合资银行中的比例，就成为外资银行常用的策略。

2006 年，我国《外资银行管理条例》颁布，三次中美战略经济对话中又不断讨论银行业外资参股比例问题，这将促成两方面的变化：一是对于除五大商业银行之外的中小商业银行，外资银行将争取突破 20% 入股比例，从而取得控股权；二是直接并购中资银行成为可能，直接并购可能将成为中外资银行股权变化的又一主要形式。外资银行将通过上述两种方式以及结合自身网点扩张来实现在华业务的进一步拓展。

（3）案例：深圳发展银行的外资相对多数控股模式。我国很多股份制商业银行与城市商业银行股权分散，大股东持股比重相对较低。[①] 这种股权结构可能成为外资银行参股并购中资商业银行的有利条件。因此，理论上国际资本仅需要十几亿美元甚至几亿美元资金就可以控股一家我国上市商业银行，从而通过证券市场平台进入中国银行业。

2004 年底，美国新桥投资（Newbridge Capital）最终以 12.35 亿元获得国内首家上市银行深发展 17.89% 相对控股权，被称为“创造了历史”的并购。外资金融机构并且还是一家外资私人股权（Private Equity）投资机构控股一家中资上市银行，此交易被认为是中国金融业对外开放的一个重要标志。而新桥及其合伙人单伟建继收购韩国韩一银行后又在亚洲市场打赢了一仗。另外，2005 年 9 月，深发展与全球消费金融巨头 GE Money 签署了认购协议和战略合作协议。根据协议规定，GE Money 可能将向深发展投入总认股金额 1 亿美元，占股近 7%。2006 年 10 月，由 GE Money 搭桥，深发展与全球最大零售商沃尔玛合作推出双币种联名信用卡——沃尔玛畅享卡，并由 GE Money 为该卡提供

① 目前，A 股市场上的 5 家股份制商业银行第一大股东持股比重，浦发银行为 22.74%，招商银行为 15.02%，华夏银行为 10.19%，民生银行仅为 5.98%，而美国新桥集团已成为深圳发展银行的第一大股东（持股比重为 17.89%）。

支持系统，而沃尔玛正是 GE Money 全球零售卡项目的合作伙伴。

表 3 – 3　　深圳发展银行前五大股东持股情况

截止日期：2007 年 6 月 30 日

股东名称	持股数（万股）	占总股本比例（%）	股本性质	增减情况（万股）
Newbridge Asia AIV Ⅲ，L. P.	34 810. 33	16. 68	境外法人股	未变
深圳中电投资股份有限公司	6 224. 66	2. 98	法人股	未变
中国工商银行——博时精选股票证券投资基金	4 173. 77	2. 00	流通 A 股	1 149. 49
国际金融—汇丰—J. P. Morgan Chase Bank，National Association	3 769. 28	1. 81	流通 A 股	342. 65
海通证券股份有限公司	3 392. 45	1. 63	法人股	未变
深圳市宏业科技实业有限公司	2 513. 76	1. 20	法人股	未变

资料来源：港澳资讯 000001，股东研究。

事实上，伴随着新桥的入主，来自多方（包括深发展内部）的质疑声音从来就没有停止过。早在深发展与新桥接触初期，业界就有过争论和批评。一般认为，私人权益投资者的通常模式是，收购或参股目标公司—重组企业改善账面效益—出售或者上市，其一般不会持有参股公司的股份太久。私人权益资本并购行为的收益通常不可能来自经营协同效应和战略性重组，而主要是利用被收购公司的价值低估机会及来自裁撤企业员工和财务协同效应。比如 1997 年亚洲金融危机之后，美欧资本大规模收购韩国资产，然后高价转售牟取暴利。毋庸讳言，对于一家私人权益投资机构而言，其目标就是以尽可能短的时间获取高额投资回报。新桥本身的这种属性令人担心其短期投资行为可能只是将深发展粉饰一下然后转手卖掉，并不会真正改善这家银行的经营能力和帮助这家银行成长为真正意义上的现代商业银行。而这一点与国内银行引进战略投资者的初衷是相违背的。2006 年 5 月深圳发展银行的股权分置改革方案公布后，遭遇市场强烈反弹。部分机构流通股股东、散户和媒体大肆抨击被称为“零对价”的方案，国内出现了对深发展股改方案、经营水平、管理层能力以及对新桥诚信度等诸多方面的质疑。2006 年深发展业绩的增长情况也同样给人质疑的理由：虽然深发展2006年每股收益较2005年增长了2.72倍，[①] 然而，截至2006年9月30日，深发展资本的充足率仅为3.59%，这与其2006年以来的高速增长形成鲜明反差。另外，深发展的拨备覆盖率仅为48%，远低于同类上市银行的拨备水平，批评认为深发展通过少提拨备以提高净利润水平的做法较为激进并且难以持久。

3.3.2 基于非控股权形式的控制模式

如前文所述，除了采取控股形式，某些利益相关者也有可能取得银行相对控制权。掌握银行的非资本核心要素，是外资机构控制东道国银行的手段之一，由于控股限制，外资机构会通过自身掌握的要素优势不断增强对合资银行的影响力，争取部分控制权。具体来说，就是通过股东间协议、董事席位、产品品牌、技术优势、人才优势等来获取经营管理权。在我国银行的并购案中，花旗团队入主广发行的并购重组安排最令人关注。

案例：花旗集团对广东发展银行的控制模式。

广发行重组引资备受国内外瞩目，重组竞标已经历时近1年，先后有40多家国内外潜在投资者表达了强烈的兴趣和投资意向。2005年5月，广发行正式启动了重组引资工作。之后，广发行择优邀请20多家潜在投资者要约认购广发行股份。经过多轮谈判和慎重筛选，以美国花旗集团、法国兴业银行集团、中国平安保险为首的三大财团都在不断地调整竞标方案，进入最后竞争阶段。2005年12月28日，三个投资者团队向广发行递交了最终报价，并在2006年8月31日递交了最终要约。广发行及其聘请的中介机构按照“购股价格选高不选低，政府免责和降低政府风险条款选好不选差，价格和其他条款完美结合，有利于广东发展银行未来健康发展”等选择标准，对三个团队各方面条件进行了比较、分析，最终选择了花旗集团牵头组织的投资者团队进入最后的排他性谈判并签署了协议，花旗集团与IBM信贷、中国人寿、国家电网、中信信托、普华投资等国内外企业组成的投资者团队出资242.67亿元人民币，认购重组后的广发行85.5888%的股份。其中，拟持股比例为：花旗集团20%、中国人寿20%、国家电网20%、中信信托12.8488%、普华投资8%、

① 深圳发展银行的财务数据采自《深圳发展银行2006年度财务报表》。

IBM 信贷 4.74%。[①]

广发行重组的最大特点是，花旗集团控股 20%，整个外资控股不超过 25%，然而以花旗为首的控股团队将广发行的经营管理权委托给花旗执行。2006 年，广发行已把经营管理权移交花旗，广发行新任首席执行官（CEO）也已经产生。2006 年 12 月 17 日，广发行重组后的第一次临时股东大会选举产生了广发行第五届董事会，花旗集团、国家电网、中国人寿和中信信托等大股东推举的 16 名董事（独立董事）获得高票通过，董事会中花旗占六席。随后，董事会第一次会议作出决议：重组后的广发行董事长由原董事长李若虹担任；花旗集团（韩国）企业和投资银行部主管麦克尔·辛克（辛迈豪）替代张光华出任行长。由此，虽然花旗没有如愿获得控股权，但是它根据重组协议的安排，获得了广发行的实际经营管理权。[②]

3.4 银行业控制权：产业角度

控制银行业最重要的是要控制银行市场，以及银行业资源对国家经济与安全的辐射能力。银行市场的经济利益及其对国家战略的影响是控制权争夺的动机或结果，国外经济体可能通过扩张经营性机构和参股并购这两条途径来侵占东道国银行市场，控制金融资源。产权、人才、信息、网络系统、核心技术都可能成为争夺的要点。另外，东道国银行业结构决定了外资控制的途径和策略，提高银行体系国际竞争力、促进金融稳定是东道国保障控制权的根本措施，[③] 而政府的规制和监管是反制外资渗透控制的主要形式和手段。

3.4.1 银行业控制权维度

（1）银行产权维度。金融配置社会资源的功能是由金融机构和金融市场

---

① 摘自杨光明：《花旗团队成最终赢家，广发行重组水落石出》，载《金融时报》，2006-11-17。

② 据新华网、新浪财经 2007 年 5 月 15 日报道，花旗与其他股东存在嫌隙，其他股东对花旗的作风感到不满。2007 年 3 月，广发行新一届董事会内部纷争被传得煞有介事，新的五年计划再次被否定。在此之前，2006 年 12 月 20 日的广发行高管见面会上，新任行长辛迈豪以《广东发展银行成长与改制》为题的五年发展规划基本框架报告，也并未得到各方股东的认可。

③ 发展才是硬道理。新兴国家银行业的改革与发展是一个宏大的问题，虽然这个问题对控制权的影响也非常大，但是本书并未展开研究。

来完成的。金融机构的控制权与金融市场的定价权是关乎金融安全最紧要的权力。引进战略投资者就是通过出售股份部分让渡我国银行的控制权。战略投资者拥有一定股权与董事席位，也取得了相应的经营管理与收益分配权限。从世界范围内来看，外资参股银行的比例①都是衡量金融资源控制权的一个显著指标，它直接关系到外资银行参与经营决策的深度和广度，许多国家都对此设定了上限。究竟多大比例才能确保国家对银行的有效控制目前没有理论答案，各国银行业对外开放的实际情况表明，银行控股权的丧失意味着国家金融支配权的让渡。

（2）金融人才维度。人才的培养和保有历来是保障国家经济社会发展的命脉，而银行业又是高知识、高技术产业，信息、技术、客户关系资源都是掌握在个人和团队的手中，因此，说到底人才是银行业赖以为继的根本。外资银行进入，必然导致一场人才的争夺战。虽然人们都有民族情感，然而我们也不能排除外资通过人才争夺达到控制一国金融资源的可能性。

（3）金融信息维度。金融的一个重要功能是提供以价格为核心的信息，协调不同经济部门的决策。这些信息包括金融企业的客户信息和专业的社会经济信息，金融开放前本来为中资银行和相应中国机构所控制，一部分属于商业秘密。外资进入我国银行业涉及了金融信息资源的共享问题，因此，金融信息安全是金融安全的重要方面。目前争论激烈的中资银行高端客户流失应该从两个方面来分析：如果是在我国金融监管框架下通过合理竞争导致“存款搬家”，就不应归罪于引进战略投资者的改革；如果是中资银行客户信息等商业机密泄露导致高端客户流失，才实实在在影响到我国的金融安全。

（4）交易清算网络维度。金融系统提供清算与支付结算的途径以完成商品、服务、资产的交易。金融体系基础设施的完善与有效运作对金融安全更加重要（唐旭，2006）。中央银行与中资商业银行控制登记、托管、交易与支付清算体系，完善征信系统与反洗钱系统，对一国的金融安全具有重大的意义。

（5）核心技术维度。在一国科技产业发展中，原始性创新能力和自主知识产权是事关国家长远发展和国家安全的战略性问题。金融专利战略是银行战

---

① 外资参股比例是一个显著指标，但不是唯一指标。本章第 3.4 节将建立一个指标体系来更详尽阐述银行业外资控制程度的衡量。

略的重要组成部分，专利等技术壁垒为促进银行技术创新提供了主要动力机制和保护机制。虽然银行一般提供同质化产品与服务，能够获取专利的领域相对有限，然而某些金融“商业方法”（如风险模型与管理技术方法等）、网络服务系统方面则存在严重的技术壁垒，一些基础金融专利方法具有不可估量的市场控制力。美国花旗银行从1992年起在我国共申请19项专利被披露后，就在国内金融界引起了不小震动。

3.4.2 我国银行业结构与外资控制策略

（1）市场结构与外资参股策略。研究者一般用产业集中度、赫斯曼—赫芬达尔指数和洛伦兹曲线等指标来衡量市场结构。行业集中度指标（CRn）是产业组织理论描述市场结构的最常见的指标，它是指某行业中规模最大的前n家企业的有关数值X（销售额、增加值、职工人数、资产额）占整个市场或行业的份额。它综合反映了企业数目和规模分布这两个决定市场结构的重要方面。一般而言，集中度越高，竞争程度越低。CRn值介于0和1之间，其值越大，行业垄断程度越高。著名经济学家贝恩按照CRn指标对市场结构作出了分类（见表3-4）。

表3-4　贝恩的市场结构分类

市场结构类型	CR4	CR8
极高寡占型	75%以上	85%以上
高度集中寡占型	65%~75%	75%~85%
中度集中寡占型	35%~65%	45%~75%
低集中寡占型	30%~35%	40%以下
原子型	30%以下	

中国银行业的市场结构随着计划经济向市场经济的转轨而不断变化。目前我国商业银行的市场结构分为明显的三个层次：四家国有控股银行、十余家全国性股份制商业银行、数百家城市与农村商业银行。从市场结构看，国有银行是银行业控制权的核心。表3-5说明的是2004年我国银行业的市场结构状况。2005年以来，国有银行虽然经历了股份制改造，但是银行业市场结构没有根本的改变。

表 3-5　　2004 年度我国商业银行各指标的 CR4 和 CR8 值　　单位：%

	CR4	CR8
资产余额	58.44	69.95
存款余额	58.36	66
贷款余额	63.32	71.59

资料来源：根据《中国金融年鉴（2005）》及相关银行网站数据计算整理。

中国银行业的市场结构是中高等程度的寡头垄断结构。一方面，无论是资产额还是存贷款额方面的 CR4 数值，都表明我国四大国有商业银行居于高度垄断地位，寡头垄断的特征很明显；另一方面，随着外资银行的进入和其他类型内资商业银行的兴起，银行业资产额及存贷款额方面的 CR4 数值都呈逐年微降态势。按照 SCP 范式，很多研究者认为中国银行业效率低下的原因是集中度过高，因此扩大竞争，将寡头垄断市场转变为垄断竞争市场，是提高银行业效率的途径。而本书的重点是研究我国银行业市场结构将如何影响外资银行对我国银行业控制权争夺的策略。

①对国有银行的策略。虽然经过多年改革，国有银行在整个银行体系中还是占有绝对优势地位。控制国有银行不管对控制中国银行业的股权还是市场，都是首要的选择。我国银行业改革目前不可动摇的底线就是，国有银行的股权不管如何设计，国家都必须保持绝对控股地位。甚至有人认为必须保持三分之二以上多数的控股权。保持国有银行控股权的政策意图，是为了维护我国的金融稳定和保证对经济提供金融供给。虽然国有银行担负金融支持的政策任务与其“商业化”的改革方向存在一定程度的冲突，但是在目前的改革框架下，国有绝对控股是不可能改变的，“准入保护”和“国家信用”依然是当前国有银行运行最重要的政策资源。在这种情况下，我国政府和外资银行都认识到控制四大国有银行的意义。因此，我国虽然想通过股权换机制，但是也只愿意出让象征性的少数股权；外资银行虽然得不到多数股权，但它们也希望先通过少数股权参与到四大银行占据的 50% 市场份额中来。

②对中小银行的策略。股份制商业银行是我国银行业的中间力量，其规模较大，业务全面且能够在全国经营。加入世界贸易组织后，股份制商业银行面临国有银行和外资银行的双重压力，为求发展其并购扩张的意愿非常强烈，因此它们将在中国银行业并购中扮演更加重要的角色（陈伟光，2004）。与国有

银行并购不同的一点是，我国股份制商业银行股权分散、大股东持股比重较小，这将成为外资银行参股并购的有利条件。

在我国银行业整体转型的过程中，众多的城市和农村商业银行面临的问题更多，它们在资本充足率、坏账处理、经营机制方面都需要外力的帮助，然而我国政府暂时很难抽身来处理这些问题，民营资本又存在市场准入限制，因此，这给了外资并购的机会，目前数家城市商业银行的外资并购案例正好说明了这一点。

在国有银行绝对控股长时间不会动摇的前提下，外资银行已经没有并购的机会，连增资扩股的机会都微乎其微。与国有银行相比，股份制银行和城市商业银行具有积极引进境外战略投资参股的内在需要，而这部分银行外资参股比例限制也存在松动的可能，因此，外国资本的合理选择就是进一步扩大对股权分散的中小银行实施战略性并购。全球并购研究中心 2006 年《金融并购报告》[①] 称："中国金融业开始掀起了外资参股中小商业银行的热浪，地方性商业银行和上市银行成为外资抢滩的焦点。"在可预期的未来银行业市场结构中，国有资本通过控股四大银行还将在银行业股权份额占据优势，但是中国市场数量众多的外资法人银行、外国银行分支行和外资控股银行，特别是它们可能形成的联系网络，一定会给中资银行带来越来越大的压力。在未来市场竞争中，"蚂蚁啃大象"的现象可能出现，而谁将控制银行业市场份额优势就特别值得研究。

（2）外资银行的地域分布策略。我国经济地域的结构呈现出明显的"东西差距"和"城乡二元结构"。东部沿海地区和少数核心城市，占据了我国经济的大部分份额。从世界范围来看，机构集聚形成金融中心也是普遍的发展趋势，由此看来，重点地域和城市是银行业地域控制的核心。

多年来，外资银行逐渐形成了以长三角、珠三角和环渤海经济圈为核心，同时向周边地区辐射的格局。三大经济圈包揽了外资银行九成以上的业务。[②] 外资银行在整个中国市场的份额变动不大，但是其在上海等主要城市却占据了超过 10% 的市场份额，某些业务如外汇贷款占据了超过 50% 的市场份额。

---

① 全球并购研究中心，http：//www. online - ma. com. cn/。

② 数据摘自《外资银行在华扩张势头迅猛》，载《中国证券报》，2007 - 07 - 04。

2001 年至 2006 年 9 月，外资银行在华总资产几乎翻了一倍，从 3 735 亿元增至 6 906 亿元。在市场方面，外资银行的份额没有大的变化，仅从 1.32% 增至 1.66%。从数据中似乎可得出一个这样的结论：加入世界贸易组织五年来外资银行市场占比变化不大，对中资银行冲击不明显。这个结论是不完全的，它是外资银行地域集中策略给我们造成的错觉。在未来相当长的时间里，外资银行的集中化策略还将继续，中国发达地区的银行业市场会出现更强的竞争格局。

（3）外资银行的业务优势策略。银行收入的主要来源明显由原来的存贷利差变成中间业务的服务收入。银行客户存在“二八”现象的同时，银行的业务也存在一定程度的“二八”现象。信用卡、理财业务、结构性衍生品等高附加值的业务是现代银行竞争的重点，获取这些业务的竞争优势可以说就是控制银行未来的制高点。

在中国金融业全面开放之后，中外资银行竞争最激烈的就是对高端客户和高端业务的争夺。外资银行因受制于网点、人才、成本等因素，不可能把提供普通产品服务一般居民作为其经营重点，而将产品和服务主要集中在高增值性、结构性、跨境性、批发性、跨行业的综合业务上。外资银行纷纷利用其品牌优势、丰富的产品体系等制订私人银行计划，与中资银行积极争夺人民币理财业务。如果在这些方面中资银行跟不上外资银行的节奏，银行业务的分布可能出现这样的格局：外资银行以较少的资金成本占据高技术含量、高附加值的业务品种，而大份额的低附加值传统业务、带有正外部性的政策性服务业务，将完全由中资银行承担。这种状况正好是文献中所谓“摘樱桃”的风险。

3.4.3 银行业规制与东道国反控制措施

（1）通过“牌照”限制外资控制。银行有一个重要的特征区别于其他金融机构，即银行发行的债务能够作为一种支付手段，这使得银行业的经营具有很大的特权。银行业的稳健关系到一国金融体系乃至经济体系的安全，国家对于经营银行业是有特殊要求的，获得银行经营特许（牌照）是需要金融监管当局批准的，这决定了银行业不是完全竞争的行业，从事银行业务可以获得一部分超额收入。对于银行所有者来说，失去了银行特许经营资格就失去了以后凭借经营银行业务获得的超额收入，因此，银行的特许权是有价值的。经验证明，银行失败往往是和银行的特许权价值下降相关的。从经济学意义上，银行特许权价值在本质上是银行凭借其特许地位取得的经济租金。银行特许权价值的下降可能会导致银行冒险经营来获取利润，因此政府只有加强监管和维持一定的银行业准入限制来保护银行利益。然而如果政府过度保护，也会损失资源配置的安全和效率，因为过度保护为银行提供了冒险的兜底保证，这反而加大了银行危机的风险。

占硕（2005）基于银行特许权提出了控制权租金的概念，认为我国四大国有银行的垄断地位，保证了其获取超额收益的可能性，从而提高了银行战略投资者入股中资银行的收益，并使战略投资者基于银行的特许经营权而积极地通过其竞争性经营从事寻租行为，获得额外的租金收入。当银行控制权租金足够大，大到可以补偿控股风险和股权交易成本时，战略投资者就有动机来改变分散模式的股权结构，因此，在国有股或者法人股代表可能与经理合谋以便最大限度地获取控制权租金的情况下，如何降低控制权租金，已成为中资银行引进战略投资者风险防范的关键。

按占硕的研究，银行特许权价值使得外资银行具有控制中资银行的动机，因此银行特许权带来的控制权租金是引进战略投资者的风险来源。因为准入限制产生了银行的特许权价值，特许权带来的控制权租金确实是争夺银行控制权的动机之一，然而，这种特许权最初的价值是掌握在本国银行的手里，外资进入的动机不一定就是风险的来源。可以想见，即使一个充分竞争的银行体系，外资银行也不是没有扩张、垄断的动机和可能性。一国银行业没有准入带来的银行特许权和一定程度的本国银行垄断势力，外资银行就更容易进入东道国市场获取它想要的控制权以及控制权带来的经济和非经济收益。因此，特许经营执照的发放权力始终是属于一国政府对银行业控制权的范围。特许权带来的控制权租金，不是防范外资银行进入风险的关键，而是东道国对银行业进行准入规制的体现。

（2）通过监管限制外资控制。从世界范围来看，政府对外资进入本国银行业的法律监管表明的是政府对待外资的态度，而政府的立法和监管是对外资控制银行业最后也是最重要的一道防线。随着世界经济的发展，国内金融市场与国际金融市场逐渐融为一体，完全禁止外国金融机构进入的做法已逐渐为一些国家所放弃。特别是在世界贸易组织《服务贸易总协定》生效后，世界贸易组织的成员国将承担允许其他成员国的金融机构进入本国市场的国际义务。

然而，基于垄断市场或投机动机的跨国银行并购会对一国经济产生消极影响，因此，各国目前对外资银行的监管一般都遵循保护本国银行以及对等互惠（包括最惠国待遇和国民待遇原则）的原则。具体来说，大多数国家采取务实的态度，实施有限度的保护主义政策，即以保护主义为主体，有限度地开放本国金融市场，并加强相应的管制措施，保护本国的银行业以及金融市场的稳定。

①外资准入监管。外资银行市场准入监管包括对外资银行开设分支机构的监管和外资银行并购东道国银行的监管两个方面。准入监管恰恰是形成银行特许权价值的基础。

以美国为例。1978 年，美国颁布《国际银行法》，将外资银行置于联邦法律的统一监管下，由通货总监负责审查向联邦一级提出开业申请的外资银行，各州金融当局则仍负责州一级的外资银行的开业审查。1991 年，美国国会对美国原有的《国际银行法》作了重要修改，推出了一项新法案，即《外国银行监管加强法》（FBSEA）。该法案削减了通货总监的权力，扩大了联储的权力，规定在美设立分行、代理行、商业贷款公司或代表处必须经联邦储备局批准，并且外国银行要想得到进入美国市场的许可，在资本充足率、资产质量、风险管理能力、反洗钱措施乃至母国政府的金融监管水平等方面就均要达到美国的要求。

另外，美国对银行并购的法律规范比较详细，在这一领域制定的法律有《1890 年谢尔曼反托拉斯法案》、《1914 年克莱顿法案》、《司法部兼并准则》、《1960 年银行兼并法案》和《1994 年格里尔尼尔跨州银行分支机构效率法》。司法部和美联储都有权审核银行并购行为，根据《司法部兼并准则》，司法部反对市场集中度增加大于 100 的兼并，根据《1994 年格里尔尼尔跨州银行分支机构效率法》规定，跨州银行并购行为的结果必须限定在不形成垄断的限度内，即该项收购发生后，其存款市场份额不得超过全国银行总存款的 10%，或不得超过被收购银行所在州全部银行存款的 30%，否则联邦储备体系有权制止。

②业务监管。对外资银行的业务监管是各国金融监管的重要内容，它可以在外资银行进入本国市场以后，限制外资银行参与的深度和广度。业务发展监管包括对银行分支网络的扩张、业务发展规模的扩大、业务类型的扩展等方面

的监管。对外资银行在业务规模、分支网络及业务类型上有一定限制，以保护本土银行的竞争力。

如美国的《外国银行监管加强法》规定，外资银行除必须遵守美国银行系统存款保险、存款准备金、利率限制等通行的条件外，在1991年以后获准进入美国的外国银行，其银行业务必须受到四个方面的严格限制：明令禁止外国银行在境内吸收美国居民存款；明令禁止外国银行加入美国联邦存款保险系统；不支持外国银行在美国当地扩充业务网络、经营零售业务；不支持外国银行收购兼并或控股美国银行。

③跨境银行的合作监管与并表审计。巴塞尔委员会的一项基本任务就是建立一种国际监管合作机制，协调母国与东道国对跨国银行及其分支机构的监管责任，以在全球范围内堵塞监管漏洞。1988年巴塞尔委员会公布了《统一资本计量与资本标准的国际协议》，即《巴塞尔资本协议》，其目的在于建立国际银行的资本充足监管框架，确保国际银行在统一的框架下实现监管的平等。由于银行业务日趋国际化，巴塞尔委员会认为只有全面了解每家银行在全球范围内的业务，银行监管当局才能对该银行的稳健情况作出合理的判断。《巴塞尔资本协议》规范了国际银行业对于风险和资本的要求，然而，它是西方发达国家发起的国际协议，不可能对东道国银行业的控制权风险作出规定，但巴塞尔委员会对跨国银行全球范围内的分支机构进行并表审计的规定，可以有助于东道国银行监管机构洞察跨国银行的全球发展态势和战略行为。

（3）我国银行业对外监管的重点立法。中国的外资银行准入和外资并购立法还比较落后。缺乏完善而系统的法律体系，我国银行并购、产权交易就难以走上法制化、透明化的轨道；在外资金融机构入股中资金融机构的问题上，没有法律保障，就很难设定合理的法律和技术壁垒保护中方的利益。2003年12月，中国银监会发布了《境外金融机构投资入股中资金融机构管理办法》，从资产规模、资本充足性、盈利持续性、投资比例等方面明确了境外投资者的资格条件。外资银行入股中资机构的限制从单家机构入股比例15%提高至20%，所有机构入股比例从20%提高至25%。为了迎接21世纪经济全球化的挑战，中国金融监管层还需要专门了制定一系列金融业外资监管的管理法规、制度或办法，从产业准入、防止垄断、资产出售、外汇管理、善后处理等方面对外资进入加以规范。

①《中华人民共和国外资银行管理条例》（以下简称《外资银行管理条例》）与《外资银行法》：对外资银行发展的监管。

2006年11月8日，《外资银行管理条例》由国务院第155次常务会议通过，自2006年12月11日起施行。《外资银行管理条例》既从法规上全面落实了加入世界贸易组织的承诺，同时又加强了有关审慎监管的内容和措施，从而有助于防止金融风险的形成。其中，法人导向的政策调整符合国际流行的监管趋势，既适应了外资银行进入人民币产品市场的需要，又有助于更好地对它们所从事的人民币业务进行监管（法人银行与外资法人银行作为境内独立法人，在本地注册，由本国监管机构承担主要的监管责任；而外国银行分行是境外注册银行的分支机构，由母国监管机构承担主要的监管责任。《外资银行管理条例》对2007年以后在华外资银行的发展产生重大影响）。

《外资银行管理条例》将导致在华外资银行作出较大幅度的调整，从而重构外资银行在华经营管理的新格局，甚至将进一步区分外资银行未来在中国市场上的角色。我国是以普通公司法的原理来区别对待子银行与分行的。子银行是独立法人，有注册资金、资本充足率、同一贷款上限等风险管理要求；而对分行并没有设置审慎性监管和风险监管的有关要求，并且，母行对在华分行只承担有限责任。然而，恰恰是分行这种形式在我国外资金融机构的总数中占了近80%的比重，目前外资在华240家营业性机构中，外国银行分行共183家，法人机构却仅有14家。而《外资银行管理条例》无疑将改变这一格局。

《外资银行管理条例》在一定程度上限制了外资银行的扩张速度和规模。部分外资银行分行将不得不放弃人民币零售业务，而对于能够开展全面零售业务的外资银行来说，注册法人机构面临着更高的成本，包括注册资金等，不仅需要从境外输入资金，而且会推动便捷调动资金的能力和其母公司的信誉优势，还可能面临更高的实质税率。另外，外资银行法人机构面临与中资银行同样的资本充足率、同一贷款上限、贷存比监管指标要求，都对其业务扩张构成了较大限制。《外资银行管理条例》对外资银行法人机构单一客户贷款额度不能超过净资产的10%、贷款的比例不能超过存款的75%等的规定无疑对2007年后外资银行的业务扩张（特别是人民币业务）产生较大影响。

虽然《外资银行管理条例》对规范外资银行在我国的发展起到了重要作用，然而《外资银行管理条例》以部门规章的形式出现，还不是完整、正式的国家法律，立法层级难免较低，同时还存在规定过于简单、缺乏操作性、有些关键领域仍未规范等等问题。我国至今还没有出台一部完整的《外资银行法》；以法律为基础的完善外资监管体系还远未建立，因此，制定一部调控外资银行基本法律关系的《外资银行法》，提高立法层次，增强法律的稳定性是重中之重。在基本法颁布实施的基础上，可以再制定一系列与之配套的特别法，如《银行并购法》、《外资银行监管法》、《外资银行市场退出法》等，构成一套严密的法律框架。

②《中华人民共和国反垄断法》（以下简称《反垄断法》）：对银行并购、垄断的监管。

《反垄断法》也是预防和制止垄断行为，维护经济金融安全的重要法律。2007 年 8 月 30 日下午，十届全国人大常委会第二十九次会议表决通过《反垄断法》，并将自 2008 年 8 月 1 日起施行。《反垄断法》对社会经济各方面作出了原则性规定，有利于约束对经济安全和国家安全造成负面影响的外资进入，有助于提高经济安全。在《反垄断法》的框架内，我们需要注意以下几点：

首先，《反垄断法》反的不是外资，反的是垄断，既包括内资垄断，当然也包括外资垄断。[①] 在反垄断审查方面，《反垄断法》没有对外资企业区别对待，体现了国民待遇的原则。只要不违反有关的法律规定，外资进入不会受到太大的影响。相反，《反垄断法》有助于进一步改善中国的投资环境和市场环境。从这个角度看，有利于更好地利用外资。《反垄断法》是规范竞争的法，不是外资控制法，也不是民族企业保护法。如果并购具有或者可能具有排除、限制竞争效果的，按照新出台的《反垄断法》，就会被禁止，无论是内资还是外资。

其次，对待外资垄断的问题上，《反垄断法》只是原则上规定了国家安全审查要求，还需要进一步明确审查的范围、标准和程序，使之具有可操作性。国家发展和改革委员会 2006 年 11 月发布的《利用外资“十一五”规划》指出，加强对外资并购涉及国家安全的敏感行业重点企业的审查和监管，确保对关系国家安全和国计民生的战略行业、重点企业的控制力和发展主导权。也应该注意，不能把垄断概念扩大化。对外资并购实施国家安全审

---

① 丁志杰：《专家解读〈反垄断法〉与经济金融安全》，载《金融时报》，2007－09－10。

查，是国际通行的方法。在反垄断法实施最为成熟的美国，按照相关法律的规定，经营者除了要接受司法部和联邦贸易委员会实施的反垄断审查，对涉及国家安全的，还要接受外国投资委员会实施的国家安全审查。德国、日本、法国也都有相关法律规定。一般来说，国家安全审查不会影响正常、合法的外资并购活动。

最后，我国关于银行并购和垄断的立法仍然不足。目前我国涉及银行并购的法律仅散见于《中华人民共和国商业银行法》、《中华人民共和国企业破产法》等法规中；《反垄断法》也是框架性的大法，适用性不强。涉及银行并购以及银行垄断的指导准则、并购审查程序、资产处置、负债安排、税收程序、人员安排等没有统一的法律规定。因此，我国还应该制定《银行并购法》、《外资银行法》、《银行资产评估法》（包括对银行无形资产的评估）、《金融业产权交易法》和《反垄断法实施细则》等相关法律法规。在渐进性地放松银行股权并购限制的同时，注意推动公司治理机制的改革，根据国际惯例，在制定公司章程的时候建立起战略决策上少数股东的否决权机制。

3.5 衡量银行业外资控制程度的指标体系

3.5.1 文献回顾：银行开放度与产业安全测度的借鉴

在文献研究中，我们没有发现有单独对某个产业，特别是银行业控制程度进行衡量的研究。与之相关的是大量文献对银行竞争力、银行业开放度的量化和对于产业安全指标的设计。正如本书前面所分析的，影响银行竞争力的因素可以在一定程度上左右控制权的归属，竞争力和控制权的测度指标可能存在某些重合，但是衡量银行竞争力的指标一般较为微观，而我们衡量银行业控制程度更多地是在金融全球化的背景下，来看一国政府、国内资本、外国资本对于东道国银行业份额的分享程度。

银行业开放度量化研究的主要成果来自于 Mattoo（1998），他在世界贸易组织工作报告中提出了一个能够定量分析一国或地区金融服务市场开放程度的模型，并对 105 个世界贸易组织成员国的金融开放进行了系统的分析。Mattoo

模型的核心是通过对世界贸易组织成员国金融开放承诺表中关于市场准入和国民待遇各项承诺的研究，分析商业存在方式、跨境支付和跨境消费对银行存贷款开放度的影响。宋耀、张伟（2003）采用 Mattoo 模型对我国银行业 2002 年开放度进行了分析，但是由于我国人民币资本项目未开放，当时我国还处在加入世界贸易组织后的金融开放过渡期间，因此 Mattoo 模型对于我国银行业开放度的解释力度不足，对于衡量外资对银行业控制程度的研究作用不大。另外，多数国内（李扬、黄金老、米建国，2001；张海滨，2006）的研究都用外资银行在本国资产占本国银行体系总资产的比重来衡量银行业开放度。但是仅采用单一指标衡量一国银行业的开放程度不是很全面。王伟（2006）研究了我国商业银行开放程度，采用多层次分析法（AHP）建立评价指标体系。指标体系分为两个层次，一级指标为商业银行开放度；二级指标由市场准入开放度、经营开放度、市场份额和东道国银行国际化程度四个指标构成，其中，市场准入开放度和经营开放度指标多为定性指标，市场份额比率和东道国银行国际化程度多采用定量指标。王伟的研究具有很好的参考价值，多层次分析法可以从不同角度比较好地刻画银行业开放的各方面内容，即政府规制、内资银行实力和外资银行进入等多个方面。同时，我们可以看出，对银行业开放度的研究与银行业控制程度的研究有很大的相关度，只是开放度既包括了“引进来”又包括了“走出去”；而银行业控制程度则重点研究外资进入对东道国控制权的影响及发展趋势。

文献中行业安全的研究重点是刻画东道国产业在外资影响下持续发展能力遭受风险的程度。大多数研究是在东道国某一产业由于外资垄断而失去民族资本控制权的背景下进行的，主要体现在内资与外资在行业中所处地位的竞争上（何维达，2002；景玉琴，2006）。在产业安全测度的指标体系中，一类很重要的指标就是衡量民族资本的产业控制力，因此，产业安全态势的测度对于研究银行业控制程度具有借鉴意义。

研究产业安全测度的发端是俄罗斯经济学家 B. K. 先恰戈夫提出的经济安全的阈值和评价标准。他在其主编的《经济安全——生产、财政、银行》一书中提出，俄罗斯的经济安全是保证在对外部世界依赖最低的条件下经济仍能运转；他认为很多经济安全的指标不应是单一含义的阈值，而应该是表明安全地带的区间值。

国内对于产业安全与经济安全测度的研究主要来自三个方面：一个是国务院发展研究中心国际技术经济研究所与清华大学中国经济研究中心建立了“经济安全论坛”，它们在《中国国家经济安全态势》一书中提出了一个制造业安全模型。这个模型包括反映制造业安全基础状况的“显性安全”和国际经济关系、国内科技水平、国内宏观经济等方面的环境安全。另一个重点研究是何维达教授承担的国家社科基金项目“中国加入世贸组织后产业安全与政府规制研究”课题组提出的产业安全指标体系。该体系由产业国际竞争力评价指标、产业对外依存评价指标和产业控制力指标组成。他们认为其中最重要的影响因素是政府规制环境、市场环境、产业竞争力和民族资本产业控制力，产业安全可以看做是这些变量的函数。在何维达（2002）提出的模型中产业控制力的评价指标包括外资市场控制率、外资品牌拥有率、外资股权控制率、外资技术控制率、外资经营决策权控制率、某个重要企业受外资控制的情况、受控制企业外资国别集中度。还有一个是景玉琴（2006）通过产业国内环境评价、产业竞争力评价、产业控制力评价三个方面，政府规制环境、市场环境、绩效、结构、产业受控状况、国别集中度六大影响因素，建立起新的产业安全评估模型。

为产业开放度、产业控制力或者产业安全提出一套评价指标体系是非常困难的，其中何维达和景玉琴提出的评估模型在指标选择和模型设定上虽有差别，但他们最关注的都是政府规制、产业竞争力、产业控制力三个方面。通过文献研究，我们发现要建立一套评价指标体系，有如下三个问题值得研究：

（1）指标与权重的可测度和可量化问题。产业安全的影响因素纷繁复杂，其中有些因素对产业安全的影响用定量分析的方法进行描述是比较困难的。景玉琴就特别提出产业安全属于“半结构性”复杂问题，在判断各种因素对产业安全的影响时，要结合其作用程度赋予其不同权重，而且权重的确定并非定量分析能解决的问题，安全与不安全之间并无十分明确的界限。

（2）指标的重复与冲突问题。产业控制力受很多因素的影响，而这些因素又构成了非常复杂的函数关系。选择变量指标的时候，指标之间可能存在重复计量或相互冲突。这样会使指标之间相互作用时的数据抵消或者放大，使测度数值失真。比如，外资企业竞争力和内资企业竞争力就是一个问题的两面，而我们在计量市场控制率的时候，可能其中已经包含了品牌占有、技术控制的因素。

(3)“显性指标”与环境诱发因素指标的区分。模型中各类指标的影响范围、影响程度并不相同。有些因素存在于产业内部，其发展变化可能直接决定产业安全的状态；有一些外部环境条件的影响是间接的。以往研究认为，应该根据有关因素的作用机理，将产业安全评价指标区分为“显性安全”模块和产业安全诱发因素。而我们认为，全部评价指标可能构成一个复杂的复合函数关系，一部分指标是内生变量，一部分指标是外生变量，而区分显性指标和诱发指标就是说明各变量指标对于因变量影响的直接程度。

3.5.2 银行业外资控制程度指标体系构建

研究银行业控制程度的测度可以借鉴产业安全测度的研究成果。银行业控制程度的衡量是一个多层次、多指标、系统性的决策问题，既有定量分析，又有定性判断，应该采用多层次分析法（AHP）。设计银行业控制程度的指标体系，要遵循一定的原则：首先，各方面评价要具有完备性，而具体指标则要尽量简要直接；其次，力求所有指标可量化表达，尤其是能够以统计数据来支持，使得指标体系的可用性更高；最后，要保证评价指标的量纲的统一，应该多采用相对数指标，相对数指标是均质指标，更能体现发展程度以及适于预测未来趋势。

根据本书对影响银行业控制权各类因素的总结，结合编制指标体系的基本方法，我们将通过政府规制能力、东道国市场状况和外资银行控制力三个方面来刻画一国银行业被外资现实控制的程度和可能的发展趋势（见表3-6）。其中，外资银行控制力的指标体系是一种显性指标，而政府规制和东道国市场状况是环境诱发的因素。本书考虑了编制指标可能出现的冲突和重复，淡化了东道国内资银行的控制能力和竞争力指标；考虑到指标的简化和直接性，本体系尽量采用可量化指标，简化最终指标（银行业控制程度）与各层次指标之间的关系。在完成指标体系之后，要给各类指标赋予权重并给出可以度量的函数关系是非常困难的，因此，本书并未就指标之间的逻辑关系与模型的最终设定进行定量研究，留待今后进一步研究。

表 3－6　　银行业外资控制程度评价指标体系

评价方面	影响因素	指标
政府规制能力	政府行政司法能力	1. 中国政府绩效评估指标
	银行业立法力度	2. 立法完备程度
	外资监管力度	3. 外资参股比例限制 4. 外资银行分支机构增长率 5. 税收优惠指数
东道国市场状况	市场结构	6. 存款集中度（CR4） 7. 贷款集中度
	银行业竞争程度	8. 市场竞争度
	本国银行国际竞争力	9. 本国银行综合绩效指标
外资银行控制力	外资银行市场控制	10. 外资银行存款占比 11. 外资银行贷款占比 12. 外资银行中间业务占比 13. 外资银行利润占比 14. 外资银行资产总额增长率（加入世贸组织五年） 15. 外资银行人民币业务增长率 16. 外资银行外汇业务增长率
	外资银行产权控制	17. 外资经营性机构资产比率 18. 外资占合资银行股权比率
	外资银行技术控制	19. 外资专利技术占比
	核心银行的外资控制	20. 四大银行股权外资占比
	外资银行的地域控制	21. 外资银行地域集中度
	外资国别集中度	22. 前两个外资来源国资产占外资银行总资产比率

第一类指标为政府规制能力指标。政府的规制能力主要体现在政府有关银行业监管的立法力度、政府行政司法效率以及对外资的具体监管程度上。

景玉琴（2006）的模型借用《中国政府绩效评估研究》[①] 课题中提出的政府绩效评估指标来评价中国政府行政司法能力。该指标体系由职能指标、影响指标和潜力指标等组成，该指标较好地综合反映了政府解决基本问题的能力，政府管理活动对社会经济发展的成效、影响和贡献以及内部管理水平。本书的

① 《中国政府绩效评估研究》，课题组组长为国家人事部规划司综合规划处处长桑助，这套评估体系用 33 个指标来评估政府的绩效。

指标体系也借用该指标作为政府能力的依据。我国政府行政司法能力越强，说明国家行使主权的能力越强，外资控制程度就越低。

我们用完备程度来衡量银行业立法的状况。主要针对一系列有关外资准入、并购和业务经营的关键性法律，如果我们假设美国的立法程度为100%，那么比较我国与美国的状况可以近似地给出一个相对指标，说明我国银行业立法的完备程度，我国银行业立法越完备，外资控制程度越低。

对于外资监管的力度，我们用税收指数、外资银行机构数目增长率、业务限制比率来衡量。我国长时间对外资银行实施优惠税率，税收指数是外资银行税率与中资银行税率之比，指数越大，说明外资优惠越少，控制程度越低；外资银行机构数目增长率可以说明外资银行机构准入的限制力度，增长率越低，说明外资进入困难越大，控制程度越小；监管部门对外资入股本国银行的限制是一个防范外资控制本国银行的重要指标，我国现有的20%与25%的限制被认为是政府规制外资最重要的手段。

第二类指标为东道国银行市场状况指标。东道国银行市场状况是外资获取控制权方式、难度的影响因素，它将间接影响到外资控制程度。这类指标包括东道国银行市场结构、银行市场竞争程度、东道国银行国际竞争力水平等。

第三类指标为外资银行控制力指标，这是银行业外资控制测度中最直接最核心的指标。该指标主要反映外资经济所占份额、垄断程度以及对东道国国内市场的控制程度。它包括市场控制率、资产控制率和技术控制率三类指标。另外，外资银行地域集中度和国别集中度对外资控制程度也有影响。

外资银行市场控制率反映外资银行机构对东道国银行市场控制的程度，它可以根据银行不同业务指标，用存款、贷款、中间业务和利润的占比来衡量。另外，从外资各种业务逐年增长率的角度，我们可以更加动态地看出外资银行控制的趋势。

外资资产控制率反映了外资对银行业资产的占有情况：一方面是外资直接投资的银行机构占东道国银行业总资产的比率；另一方面是外资通过入股东道国银行的方式占有的比率。

在绝大多数产业中，技术都是举足轻重的要素。外资技术控制率是衡量产业控制的通用指标。银行经营的是同质化虚拟产品和服务，特色产品与营销模式容易相互复制，服务在一般情况下没有专利权的保护。然而，现代银行都非常注重产品开发和风险技术创新，某些核心的产品或技术在市场具有垄断性，蕴涵了巨大的市场潜力。虽然银行专利的范围很小，不能完全反映银行技术能力，但是外资银行在东道国市场中专利技术的占比是最能量化反映技术控制水平的一个指标。

外资银行的地域集中度反映外资控制东道国核心地区市场的程度，集中度越高，说明外资对发达地区市场的控制程度越高；外资对核心银行的参股比率说明了外资在寡头垄断市场中控制核心资源的能力。核心地域和核心银行的外资比例是衡量银行业外资控制程度的重要方面。

外资银行来源国集中度的指标反映国内银行业发展受外资母国政府影响的可能性，它可以用前两位外资来源国的银行资产占外资银行总资产的比率来衡量。集中度越高，国内银行业受外资母国政府影响的可能性越大，相应银行业安全威胁的程度也就越大。

3.5.3 基于我国实证指标的初步判断

根据上述指标体系，我们引入我国银行业开放的实证数据，对我国银行业外资控制程度作一个初步的判断。

（1）我国政府对外资的规制力度。

①首先，我国政府的主权独立性是毋庸置疑的；其次，对我国政府行政能力的研究在我国还处于起步阶段。

②我国银行业外资监管的立法还处于初级阶段。虽然经过最近几年的努力，但《外资银行法》还没有出台，外资银行监管的法律体系还没有完善；《银行并购法》没有出台，《反垄断法》金融垄断部分的具体法律细则还有待完善。

③就并购而言，我国现在规定单家金融机构的外资参股比例不能超过20%，外资总比例不能超过25%，这对外资来说是很强的约束，基本可以杜绝外资对我国国有银行和多数中小银行的控股。

从1996年亚洲开发银行入股光大银行以来，部分中资股份制商业银行和城市商业银行也相继引入战略投资者。截至2007年7月，共有大约30家外资金融机构投资入股了20家中资银行，入股金额超过了190亿美元。我国21家银行（包括4家国有银行、13家股份制商业银行以及上海银行、北京银行、南京银行、杭州市商业银行4家城市商业银行）的总股本占中国银行业总股本的比例超过了85%，而这些银行的外资占比已经达到了11.78%。①

就外资营业性机构的增长来说，截至2007年5月末，共有42个国家在华设立了75家外国银行，已批准改制的外资法人机构12家，外国银行分行95家，中外合资银行3家，外商独资银行7家，财务公司2家，获准经营人民币业务的外国银行分行86家，法人银行12家。外资银行的营业性机构家数比2001年12月末减少了4家，而经营人民币业务的家数增加了67家。②

④我国内外资企业所得税税率的不统一一直是妨碍国民待遇实施的重要问题。以往内资企业和外资企业所得税税率均为33%。同时，对一些特殊区域的外资企业实行24%、15%的优惠税率，对内资微利企业分别实行27%、18%的二档照顾税率等，而事实上外资企业实际税率一直低于国内企业。2007年3月16日第十届全国人民代表大会第五次会议通过《中华人民共和国企业所得税法》，内外资企业的所得税统一为25%。

（2）东道国市场状况。我国银行市场中，国有银行占绝对主导地位，掌控四大国有银行对掌握银行业控制权具有最重要的意义。虽然国有银行在资本、资产和市场份额上占很大比重，但我国银行业竞争程度日益加大。近年来，我国银行的综合实力和国际竞争力虽有提高，但与国际活跃银行来比还有很大的差距。

（3）外资银行控制力度。

①外资银行各项业务发展较快，人民币资产增长迅猛。2007年5月末，外资银行资产总额为9 896亿元，比2001年末增长1.62倍，加入世贸组织五年年平均增长率为19.71%。其中，人民币资产总额为4 077亿元，比2001年末增长7.43倍，加入世贸组织五年年平均增长率为46.95%。

然而，外资银行的市场份额在加入世贸组织以后并没有明显增长。

截至2007年5月末，外资银行的资产总额占我国全部金融机构的份额为2.1%，与上年基本持平，仅比2001年末提高了0.3%。

各项存款占比为0.9%，比上年末略有提高，比2001年末提高了0.5%。

---

① 金昱：《重新审视外资银行进入中国银行业的深度》，载《中国经济时报》，2007-12-04。

② 《外资银行在华竞争力日趋增强》，载《中国证券报》，2007-07-04。

各项贷款占比为2%，与上年末基本持平，比2001年末提高了0.7%。

中间业务收入占比3.0%，比上年末下降了0.37%。加入世贸组织五年中，中间业务占比由2002年的6.19%下降到2006年的3.37%。

外资银行累积利润占比为1.23%，比上年末下降0.5%，加入世贸组织五年中，除经济过热的2003年外资银行利润占比达到过最高的6%以外，其他年份逐年小幅下降。

②外资银行资产占我国银行资产比例非常小。2007年5月末，外资银行的资产总额占我国全部金融机构的份额为2.1%。虽然很多中资银行近年来引入了战略投资者，然而由于20%～25%的监管要求，外资股权占我国银行业资本总额的比例也比较低。

③深圳市地禾知识产权管理咨询有限公司在《我国银行产业专利情报分析报告》中对中国的银行产业专利申请进行了描述。截至2004年底，该报告共检索出国内外银行业和银行相关产业在国家知识产权局专利局申请专利总数为220件，其中国内银行103件，国外银行113件。报告显示，在发明专利申请中，国内银行的发明专利申请量只是国外银行申请量的1/5，只及日本的1/2。国内银行的专利热点在于实用新型，占了专利申请总量的一半以上，而发明专利只占了专利申请总量19.3%，比外观设计的比例20.56%还低。可以看出，国内银行申请的专利技术含量不高。

④基于银行业结构的分析。我国最大的四家国有银行外资占比都还比较低。其中，中国工商银行为10%，中国建设银行为14.1%，中国银行为21.8%，中国农业银行并未引入战略投资者，而是在股票发行时引入基石投资者。①

从我国外资银行机构和资产的区域分布来看，外资银行集中于我国三大经济圈，而三大经济圈的金融中心城市和沿海发达城市又是外资银行业务拓展的重地，上海的外资银行占据了半壁江山。

外资银行的国别集中度非常高，以花旗和汇丰为代表的国际活跃银行占据主要地位。2007年5月末，在华外资银行资产规模排名前五位的分别是美国花旗银行、汇丰银行、日本三菱东京日联银行、日本瑞穗银行和香港东亚

① 为签订引资协议时的比例，三家国有银行上市后，该比例有所变化。

银行。

（4）对我国银行业外资控制程度的初步判断。

①我国行使主权的能力非常强，目前对外资银行准入的监管力度很大，但是我国关于外资监管和银行购并等方面的立法还不足。

②基于实证数据的分析可以看出，外资经营性机构占我国银行业的份额极其有限，我国银行业外资市场占有率远比工业性企业要低得多。从目前状况判断，还谈不上国外势力通过控制我国银行市场进而威胁我国金融安全。

③就我国银行业结构来分析，目前我国四大国有银行的国有控股保证了我国银行业的控制权稳定。但是外资银行对金融技术以及现代金融业务的控制、在我国重点城市和区域的布局应该引起我国监管部门重视。

4

境外战略投资者对银行业控制权的影响——基于战略投资者战略的分析

20 世纪 90 年代以来是国际银行业并购整合的黄金时期。国际金融业竞争日趋加剧，规模空前的银行兼并重组浪潮在世界范围内展开，正悄然改变着国际银行业的格局。经济全球化带来的各国金融管制大幅度放松是发生这次大规模银行并购的主导因素。纵观世界各国银行业开放进程，其中不但体现出发达国家势力对他国银行业控制权的觊觎与侵蚀，也体现出主权国家在市场开放与控制权维护之间的艰难平衡。

跨国并购扩张是跨国银行整体战略的核心组成部分。在一些国家银行业开放进程中，跨国银行总是扮演着积极参与者与推动者的角色，因此，外资金融机构参股中资银行和在中国开设营业性机构，都是其全球战略框架下的一个步骤，外资在中国的并购行为只是国际银行业并购浪潮的一个局部。因此，从全局来分析战略投资者的战略意图和行为是否触及我国金融核心利益尤为必要。具体而言，一是要分析不同的战略投资者采取的不同发展战略，目前在全球形成了怎样的战略布局，中国区发展战略在其中居于什么位置；二是要分析跨国银行是否通过有计划的并购行为形成在全球某些局部市场的垄断势力，进而操纵一国的金融市场，尤其要注意不同金融财团通过各种纽带形成战略合谋的可能；三是要分析战略投资者在中国区的战略态势和未来可能的发展方向。对战略投资者的分析还有一个重要方面，即要分析战略投资者是否具有外国政府或政治利益集团的背景，在国际银行业整合的市场行为背后是否隐藏有政治图谋，从中找出影响金融安全的因素。

近年来，国际活跃银行逐步进入战略调整时期，及时消化战略扩张后的问题，更注重重点业务的发展与绩效的提升。然而，随着新兴市场开放程度的加大，新兴市场国家银行的并购也逐步升温。目前，中资银行的股权交易已成为国际银行业大型并购重组活动的焦点。本章将通过案例和统计数据来分析主要战略投资者全球发展战略、国际并购行为和中国区发展态势及其对金融安全的影响。

4.1 战略投资者全球战略与战略投资动机

战略投资者的概念最初来源于国外证券市场。在我国银行股权改革中，官方将机构投资者分为战略投资者和财务投资者。财务投资者单纯以获得资本回报为目的；而战略投资者是以战略为驱动，有明确的长期战略目标，通过战略合作与合作伙伴建立领先地位，有抱负和承诺，并愿意进一步增加业务投资，且具有付款的诚意和能力的投资机构（金运、徐宝林，2005）。唐双宁（2005）提出中国银行业引进合格战略投资者的“五项原则、五个标准”，核心是通过对参股比例、锁定期限、派驻董事、入股限制和提供支持等方面的规定来保证满足中方既引进机制、技术又避免同质化竞争的要求。与战略投资者相关联的是“战略投资”与“战略联盟”的概念。战略投资是国际机构运用并购方式对其他企业进行参股和控股的投资活动，是全球直接投资的主要形式。一般来说，可以将进行战略投资的机构投资者定义为战略投资者，把向外资机构出售股份定义为引进境外战略投资者（李石凯，2006）；战略投资者和被投资企业形成参股型战略联盟的关系，其实质是一种以资本为纽带的企业间竞合（Co - competition）的伙伴关系（温斌，2004）。由此可以看出，战略投资者的概念本身就来源于企业投资战略或并购战略。目前，我国没有以立法形式明确对战略投资者作出正式界定，在信息不充分的情况下，也很难完全识别境外投资者的真正意图，因此，从战略动机和战略行为的角度分析境外战略投资者对我国银行业的影响尤为重要。

国际主要战略投资者的发展战略明显体现出不同的经营理念和经营性质

（见表4－1）。本书选取的研究对象主要是参股我国国有商业银行的战略投资者，这些机构也是在国际市场具有最重要影响力的商业性金融机构。

表4－1　　部分战略投资者的战略定位与发展趋势

截至2006年12月

银行名称	全球发展战略	中国区发展战略	企业文化
汇丰银行集团	以零售业为基础，通过全球扩张，成为国际化全能银行。 “五年计划”（2004年）： 在未来5年中汇丰将由“追求价值”转变为“追求增长”，即其发展重心由资产扩张转到重点业务提升。汇丰在全球的大规模并购期基本结束。	扩张型战略： 迅速而大量开设分支机构和网点；通过并购参股甚至控股中资银行；全面市场开发战略，涉足几乎所有银行业务。	长期的符合道德标准的客户关系；团队合作；自信感；国际化特征与谨慎态度；创造力与强大市场感知能力。
花旗银行集团	急剧增长型战略（1998～2003年）： 全球化业务扩张；市场抢先进入；差别化市场开发。 稳健调整战略（2004年至今）： 注重效率，优化结构，强化管理。打造“最受人尊敬的全球金融服务企业”。	扩张型战略： 迅速而大量开设分支机构和网点；通过并购参股甚至控股中资银行；全面市场开发战略，但是以零售业务为主。	尊重员工；为客户着想；各负其责又相互配合；守信而坦诚；不断学习和开放态度；优势产品与服务。
淡马锡控股公司	企业国际化，与世界新兴的有发展潜力国家捆绑发展的战略。积极参与，并且不断地致力于旗下公司的增值，运用其股东的权益，以及通过良好的企业监管架构，影响旗下公司的发展策略与方针。 最近的战略：对投资组合进行调整，由现在的50%在新加坡、50%在国外，向1/3在新加坡、1/3在亚太、1/3在发达国家的目标转换。	投资中国金融业是淡马锡战略中极其重要的一部分。淡马锡此前承认，仅对建设银行和中国银行的投资就使淡马锡在中国银行业的投资额超过它在此前两年里在35个国家收购支出总量。有消息说，淡马锡有意控股一家中资银行。2007年底与东方航空集团等的并购案引起了广泛关注。	卓越完善的企业文化和经营哲学：积极、活跃的股东，积极、谨慎的投资者；强化与其股东，即新加坡政府之间的关系、与旗下所投资公司间的关系以及作为积极投资者的角色。
美国银行	依靠百年老店的成熟品牌，立足本土发展。美国银行大部分利润来自于国内业务。美国国内分支网络众多，盈利率高。近年来的战略在于从传统银行业务转变为以投行业务为重心的金融控股集团。	跟随者角色，通过分红获取收益，通过参股享受上市带来的溢价。追求的不是市场地位而是投资收益和上市溢价。	“社会的建设者”，“客户的邻居和朋友”；公正行事；互相信任与团队精神；兼容并包与求同存异；领导地位。

注：按照国际通用规则，外资银行中国区的地理划分主要是中国内地，不包括港澳台地区。

资料来源：根据各大银行中英文网站及相关报告内容整理。

根据其全球战略定位与战略发展态势，我们可以把目前入股中资银行的战略投资者分为两类：

第一类是国际活跃银行，立足全球市场，发展战略带有明显的扩张性和渗透性。此类战略投资者的雄心很大，其整体战略随着国际金融市场形势变化和自身战略需求不断调整，最有可能对被投资国的金融安全造成影响。典型的例子有汇丰控股集团、花旗银行集团等。近几年来，这些银行已经开始全面布局中国市场，覆盖面涉及银行、证券、保险等各个领域，持有中资股权不断增加，对我国金融业的影响程度也在逐步增大。它们一方面通过参股和并购的方式获得中资银行的股权，参与甚至是主导（如花旗对广发行）中资银行的管理，谋求在我国对外资金融监管放宽后控股中资金融企业；另一方面又在中国区迅速广泛地扩充其营业性机构。[①] 我国加入世界贸易组织承诺的金融业过渡期满后，外资银行在华已经开始全面拓展各类业务，与中资银行的同质化竞争不可避免。然而，中国银监会在其发布的《关于中国银行、中国建设银行公司治理改革与监管指引》中提出了“竞争回避”原则。对于每一个力图拓展中国市场的国际活跃银行来说，这是一条很难满足的合作条件，因此，花旗、汇丰等第一类战略投资者无缘参股四大国有银行。

第二类战略投资者是没有同质化竞争的国际大银行和非银行金融机构，它们本质上更趋同于财务投资者，其最终目标是通过分红获取收益或者享受上市带来的溢价。它们通过参股显示其在中国市场的存在和影响，并且在业务、管理等方面能够帮助中资银行进行改革和完善。此类银行最可能成为真正的战略合作者。典型的例子一是美国银行，其业务主要集中在美国国内，2004年非美国业务所带来的收入只占其总收入的5%。美国银行投资建设银行后撤销了在中国的分支机构，并将其亚洲子公司全部股权出售给建设银行。二是苏格兰皇家银行，它出资16亿美元收购了中国银行5.16%的股份。如果按战略投资者5%的最低标准，那么苏格兰皇家银行是一个弱势的战略投资者，该行的海外收购主要发生在美国，而此次在中国银行业的投资

① 2006年11月8日，国务院颁布《中华人民共和国外资银行管理条例》，外资银行分支机构统称外资银行营业性机构。汇丰、花旗等9家外资银行已获中国银监会批准，将其在中国境内分行改制筹建为法人银行。

显得极其稳健甚至保守；一直以来苏格兰皇家银行股东反对进一步增持中国银行股票。三是以高盛为首的投资团（包括高盛、安联和运通），虽然高盛团队参股会给工商银行带来综合经营的管理与技术改进，然而就高盛来说，它投资工商银行表现出对上市这一阶段性目标的迫切需求。高盛是一家投资银行，它给工商银行带来的最大益处是通过自身丰富的海外上市承销经验来推动工商银行上市。而工商银行与高盛在谅解备忘录中已经就“退出”一事达成相关条款。显然，高盛投资工商银行的目的主要是获利。四是淡马锡，其企业性质决定了其财务投资的战略定位。有消息说淡马锡在中国的并购还有进一步的行动计划，因此，我们还应该特别关注淡马锡作为新加坡国资管理者的特殊背景。

4.2 战略投资者跨国并购行为分析

从各类战略投资者全球发展战略中，我们可以看到第一类战略投资者最具有全球扩张的动机，也最有可能对一国金融安全造成影响。因此，考察诸如汇丰、花旗等集团在世界各国的资产分布状况与兼并收购案例，能够从历史的脉络中发现它们扩张的动因和发展的趋势。

4.2.1 案例分析：汇丰控股集团全球并购

经过140年来的发展历程，汇丰银行集团已成为世界按资产计算第一大的以商业银行业务为主的金融控股集团，截至2003年底，该集团9 500家分支机构分布于世界79个国家和地区。虽然目前汇丰银行大量控股海外资产，但是它采取将资产与盈利在世界范围内平均分布、相对分散的策略。经过最近十年的并购发展，目前汇丰控股大约有30%的资产位于北美地区，30%位于亚洲及中东地区，另外40%位于欧洲。2004年汇丰收购美国最大消费信贷公司HI后，使得北美地区占集团税前利润比重达31.8%，取代了欧洲成为集团收入比重最高的地区。2005年汇丰控股全球税前利润达到209.66亿美元。而在中国内地的盈利虽然比2004年大幅上升9.44倍，达3.34亿美元，却只占集团全球利润的1.59%（见表4－2）。

表 4-2　　汇丰控股集团 2005 年利润状况　　单位：美元

全球总资产	全球税前利润	全球净利润	香港地区税前利润	中国内地税前利润
1.5 万亿	209.66 亿	150.81 亿	45.17 亿（21.5%）	3.34 亿（1.59%）

资料来源：汇丰控股集团 2005 年年度报告。

从并购历史①（20 世纪 50 年代至今，见表 4-3）来看，汇丰 50 年代以来扩张基本是以经济利益驱动，主要战略目标是资产在亚欧美的均衡布局和向非洲传统银行业务的拓展。汇丰银行发源于亚洲，初期的业务重心限制在东亚相对狭小的区域，1965 年兼并恒生银行后成为香港第一大银行并借此辐射整个东亚地区；80～90 年代汇丰完成了在英美的系列收购并将注册地从香港迁往欧洲，树立了欧洲第一大银行的地位；2003 年以 148 亿美元巨资收购美国 HI 是汇丰的最大手笔，通过这次并购，汇丰不但成功拓展了其个人业务的优势，又极大提高了在美国的市场份额。为了在世界投资银行业务与信用卡市场中占据领导地位，2005 年以来，汇丰多次试图并购美国著名投资银行摩根士丹利和韩国 LG 信用卡公司，但是没有成功。

表 4-3　　汇丰集团 50 年来通过并购控股的主要金融机构

年份	并购控股的金融机构
1959	印度有利银行
1965	香港恒生银行
1980	英国商人银行 Antony Gibbs、美国海丰银行
1992	英国米德兰银行（1982 年参股 10%，1992 年完成并购）
1997	巴西银行 Bamerindus、阿根廷金融集团 Roberts
1999	美国利宝集团、韩国汉城银行
2000	法国商业信贷银行
2001	墨西哥 Bancrecer 银行、台湾中华投信公司、土耳其银行 Demirbank
2002	墨西哥银行 GrupoFi - nancieroBital、美国家庭国际银行
2003	美国最大的消费信贷公司 Household International（HI）
2004	日本联合金融控股集团信用卡业务分部、百慕大银行
2006	中美洲银行集团 Groupo Banistmo Aplus
2005 年以来，汇丰银行正谋求收购投资银行摩根士丹利和韩国 LG 信用卡公司。	

资料来源：根据汇丰银行等网站及相关报告整理。

① 资料来源于汇丰银行、中国并购网等网站及相关报告。

汇丰银行的战略定位是要做“全球本地银行”，在发展思路上采取了全球并购与全球上市并举的策略。目前汇丰集团本身已经在香港、伦敦与纽约同时上市，而各分支机构的上市地更遍布在全球交易所。全球上市很好地稀释了汇丰控股全球购并的进攻性。在东道国上市后，汇丰控股成为一家东道国的当地银行，受当地政府监管，摩擦和冲突相对弱化。

汇丰银行经营最成功的案例是在香港市场，2005 年仅在香港地区的利润就占到整个汇丰控股集团利润的 21.5%。通过 1965 年的并购，香港市值排名第二的恒生银行成为汇丰控股的子公司，控股比例达 62.14%。汇丰银行（排名第一）与恒生银行同是香港本地注册银行，两家银行牢牢占据了 1/3 的住房贷款市场份额。同是英资的汇丰和渣打是香港的发钞行，又占有香港银行市场份额的一半以上，可以说是掌握了香港地区的核心金融资源。当然，汇丰在香港的发展有特殊的历史背景，中国香港曾经长期被割让给英国，英资银行在历史上一直占据香港市场的垄断地位；当时的港英政府对汇丰兼并恒生可能形成垄断的状况采取漠视的态度。然而，当代即使在银行业最开放的波兰，政府也会对单国银行或单家银行可能形成的垄断加以制止。① 由于历史背景与金融制度的不同，在当前时代条件下，如果单家银行或者单国银行联盟试图垄断任何一个经济大国的银行市场，一定会激起当地政府与公众的强烈反对并受到法律的阻止。因此，第二次世界大战后大国内部都没有出现“汇丰—恒生—渣打”的外资垄断模式。

4.2.2 案例分析：花旗集团全球并购

1998 年，花旗银行与旅行者集团合并成立花旗集团，726 亿美元的并购额创造了当时的历史纪录。现在，花旗集团已是按市值计算的世界第一大以商业银行业务为主的金融控股集团。花旗的海外分支机构网络遍布在近 100 个国家，在亚洲和拉美地区网络特别发达。花旗的公司业务特别强大，能够通过其网络同时为全球客户提供服务。同时它又是全球最大的零售银行，信用卡是其最大的特色业务，发卡量占世界第一位。花旗的发展历史是一部并购扩张的历

① 意大利联合信贷银行与德国抵押联合银行分别控股了波兰国内大银行 Pekao 与 BPH，而在 2005 年意大利联合信贷银行要收购德国抵押联合银行，这样会导致单家外国银行控股两家波兰银行，波兰政府最后通过多轮谈判，促使意大利联合银行放弃了 BPH 的控股权。

史，通过表4－4花旗银行的并购案例[1]分析，可以发现其在不同地区扩张的动机与趋势：

（1）花旗的并购以业务为导向比以地域为导向更为明显。其很多业务优势都是通过收购兼并来获取的。例如，花旗银行与旅行者集团的并购战略的目标就是要加强花旗的零售业务并形成公司业务的混业经营态势。旅行者集团拥有成功的零售金融服务动态营销网络，有助于花旗银行零售业务的升级。而旅行者集团旗下的所罗门美邦公司是一家卓越的投资银行，它对花旗银行公司业务的提升和拓展起着至关重要的作用。

（2）历史上，花旗在美国国内的并购金额占据了花旗全球并购的绝大部分，在集团成立前，其并购案例主要集中在本土，向外扩张以开设分支机构为主。花旗集团成立后，其本土业务收入占总收入的比重由45%上升到了70%。

（3）花旗网络最强大的区域在美洲地区和亚洲地区，而花旗一直试图通过并购欧洲发达国家的银行到西欧扩张势力范围，到目前为止，花旗收购法国或英国一家大银行的战略都没有实现，欧洲发达国家反对并购的阻力非常明显。

（4）从20世纪90年代后期开始，花旗虽然将并购扩张型战略调整为稳健发展型战略，但却加强了在新兴市场的并购发展。2001年花旗收购墨西哥国民银行和2004年收购韩美银行是其中最典型的案例。收购墨西哥国民银行后，其来自新兴市场的收益超过花旗总收益的25%。花旗已经确定了进行扩张的市场，其中包括中国以及中国香港和台湾地区、东南亚国家、中东欧国家和拉美国家。它力争在这些市场占有率至少要达到6%～8%。迄今为止，在新兴市场中，花旗在墨西哥的业务覆盖面最广，市场占有率超过25%。花旗集团也成为首家收购韩国本土银行的海外银行，花旗本来只占有韩国市场份额的1.3%，而其收购的韩美银行却拥有韩国市场7.6%的份额。

---

① 数据资料来源于花旗集团、中国并购网等网站及相关报告。

表 4－4 花旗集团百年来并购控制的主要金融机构

年份	并购控股的金融机构
1915，1919	纽约城市银行与国际银行公司合并，中国人称为花旗银行
1929，1930	农民信贷与信托公司和纽约美国国民协会银行
1955	纽约第一国民银行
1981	美国聚餐俱乐部信用卡公司
1981～1982	大来信用证，旧金山忠实联邦储蓄及信贷银行
1982～1984	收购美国四个州的储蓄贷款协会
1998	花旗银行与旅行者集团合并成立花旗集团，726 亿美元并购额创历史纪录
1999	大来咭（日本）DI NERS CLUB 公司
2000	美国第一联合资本公司
2001	墨西哥第二大金融机构墨西哥国民银行，墨西哥 Banamex 公司
2001	荷兰银行 ABN Amro（ABN）旗下的 European American Bank
2002	美国第二大储蓄银行黄金州银行
2003	美国西尔斯公司（Sears）信用卡部门
2004	韩国第六大银行韩美（KorAm）银行，纽约社区银行（NYCB）
2005	英国—澳大利亚矿业巨头 Rio Tinto 在 Lihir 黄金公司股份
2006	土耳其 Akbank 银行 20% 股份，中国广发行 20% 股份，取得经营权
2004 年以来，花旗集团谋求收购英国巴克莱银行或者法国兴业银行的股权	

资料来源：根据花旗集团等网站与相关报告整理。

4.2.3 小结

（1）从并购目的来看，第一类战略投资者在发达国家的并购行为体现出明确的业务方向，主要侧重于战略业务单元的整合与安排；在新兴市场的参股并购则更多体现在地理扩张和传统势力范围划分上。它们对新兴市场银行的并购活动大多表现为一种战略机会主义行为，并购案例的起因多数源于被投资国金融开放政策的出台与银行的招商引资。几乎每一次并购机会都有多家投资者竞标，它们之间的竞争多于合作。

（2）汇丰与花旗在新兴市场的扩张是它们当前并购战略的重点。由于各国政府普遍存在对单家外资银行垄断的限制，因此除汇丰在中国香港市场、花旗在墨西哥市场占有较大份额外，它们在新兴市场国家也很难单凭自身势力形成局部垄断状况。汇丰收购摩根士丹利、花旗收购巴克莱银行或法兴银行的图谋明显受阻，说明西方发达国家对他国活跃银行有很强的戒心，又由于大国实行严格的外资金融监管政策，因此在可以预见的时期内，单家银行的实力毕竟还不足以与一个经济大国的力量相抗衡，单纯靠商业性跨国公司并购的扩张还难以掌控大国的核心金融利益。

4.3 主要战略投资者在中国市场的发展态势分析

战略投资者在中国区的战略意图和发展趋势是其全球发展战略的延伸。两类战略投资者在中国市场表现出来的动机和行为进一步印证了它们不同性质的发展战略（见表4－5）。

表4－5　　主要战略投资者在华发展态势

（截至2006年末）

境外投资者	国别	被投资企业	金额	比例	时间	备注
汇丰集团	英国	交通银行	17.47亿美元	19.9%	2004－08	香港上海汇丰银行
		平安保险	81.04亿港元	9.91%	2005－05	汇丰保险集团
		山西信托	9 800万元人民币	49%	2005－11	汇丰投资（欧洲）管理公司
		平安银行	2 000万美元	27%	2004－01	平安信托和汇丰银行分别以不超过2 000万美元的资金正式获准收购福建亚洲银行100%的股份，平安增资2 300万美元，持股比例将达到73%，汇丰持股为27%。2007年8月28日，深圳市商业银行在吸收合并平安银行后正式更名为深圳平安银行
		上海银行	5.17亿元人民币	8%	2002－01	香港上海汇丰银行
		中国区分支行发展状况：目前汇丰在内地已有26个网点。汇丰银行中国区总裁翁富泽（Richard Yorke）曾表示2006年底内地分行及支行数目将增至36家				

续表

<table>
<tr><th>境外投资者</th><th>国别</th><th>被投资企业</th><th>金额</th><th>比例</th><th>时间</th><th>备注</th></tr>
<tr><td rowspan="3">花旗银行</td><td rowspan="3">美国</td><td>上海浦发银行</td><td>6 亿元人民币</td><td>4. 62%</td><td>2005 - 12</td><td>在届时中国法律规定并获监管机构批准的情况下，至 2008 年 4 月 30 日，花旗可通过行使认股权增持浦发银行股份至 24. 9%</td></tr>
<tr><td>广发行</td><td colspan="4">2006 年 11 月 16 日，花旗集团投资者团队与广发行签订协议，投资者团队出资 242. 67 亿元人民币，认购广发行约 85. 6% 的股份。中国人寿和花旗集团及其附属公司分别持有 20% 的股份</td></tr>
<tr><td colspan="5">中国区分支行发展状况：在国内 6 个城市开设了 13 家零售银行网点，共有 ATM 55 台，2008 年底达到 85 台。2005 年 9 月 13 日，花旗银行的旗舰分行花旗集团大厦分行正式在上海开业，这家分行将以提供丰富的金融零售产品为核心</td></tr>
<tr><td rowspan="4">淡马锡</td><td rowspan="4">新加坡</td><td>中国建设银行</td><td>10 亿美元</td><td>5. 1%（上市前）</td><td>2005 - 07</td><td>首次公开发行时由亚洲金融控股（淡马锡全资子公司）认购 10 亿美元的股份</td></tr>
<tr><td>中国银行</td><td>31 亿美元</td><td>10%</td><td>2005 - 08</td><td>公开募股时认购 5 亿美元的股份</td></tr>
<tr><td>民生银行</td><td></td><td>3. 9%</td><td>2005 - 12</td><td></td></tr>
<tr><td colspan="5">中国区分支企业发展状况：没有与中资银行竞争的分支机构</td></tr>
<tr><td rowspan="2">美国银行</td><td rowspan="2">美国</td><td>中国建设银行</td><td>25 亿美元</td><td>9%</td><td>2005 - 10</td><td>首次公开发行时购入 5 亿美元的股权，同时拥有未来数年内将股权增持到 19. 9% 的选择权</td></tr>
<tr><td colspan="5">中国区分支行发展状况：撤销了在中国的分支机构，退出中国市场。2006 年 11 月 24 日，建设银行宣布以总价 97 亿港元收购美国银行亚洲（包括香港与澳门业务）子公司全部股权。美国银行亚洲公司注册于 1912 年，在港澳分别拥有 14 家与 3 家分支机构；2/3 收入来自个人银行业务，资产列香港当地注册银行第 17 位。通过收购美国银行亚洲公司，建设银行在香港的业务规模扩大为原来的两倍，客户贷款从原来的第 16 位升至第 9 位</td></tr>
</table>

续表

境外投资者	国别	被投资企业	金额	比例	时间	备注
苏格兰皇家银行	英国	中国银行	16 亿美元	5.16%	2005 - 08	团队共参股 10%，其中苏格兰皇家银行 16 亿美元，美林 7.5 亿美元，长江实业 7.5 亿美元
		中国区分支行发展状况：在中国内地只设有上海分行及北京代表处				

资料来源：根据公开资料收集整理。

尽管我国金融监管法规对外资银行参股和在华扩充机构有明确规定，但是汇丰、花旗等战略投资者已经呈现出咄咄逼人的气势。从整体看，中资和外资的利益冲突会越来越大，这些活跃银行正试图获取我国核心金融利益。它们表现出来的图谋与行为可能在未来对我国金融安全提出挑战。

（1）金融资源控制权问题。汇丰银行的中国区业务居外资银行首位，目前有 27 家独资营业性机构，并持有中资多家金融机构的股份。尽管如此，汇丰在华扩张势头还依然强劲。其中国区业务总裁翁富泽（2006）说："我们在北京的扩张计划从未停止过。只要监管当局允许，汇丰将在中国进一步扩大营销网络，开设分支行，拓展零售业务。"主席郑海泉（2006）表示愿意将所持交通银行股权扩大到 40%，让交通银行成为汇丰的子公司。执行董事王冬胜（2006）表示希望汇丰 5 年内可在内地 A 股市场上市，并将分支机构数目增至 100 家，并通过 CEPA 框架涉足内地保险市场。虽然汇丰银行目前的表现是一相情愿，但是随着我国金融业开放的深入，我们要防止外资银行通过控股中资银行，整合其在华的机构网络，在某些极端情况下压迫我国金融业被动开放，谋求对核心金融资源的控制。

（2）金融信息安全问题。汇丰入股交通银行后派驻董事、高管和技术人员，这有益于交通银行提高管理水平和产品技术更新，但是他们由此也会获得交通银行的信息。而汇丰在华机构的业务发展与交通银行存在利益冲突，因此存在交通银行客户向汇丰转移的可能。花旗投资者集团控股广发行后将派董事和领导层进驻广发行，贯彻花旗的经营管理思想。广发行有较好的零售和信用卡业务基础，花旗将可能将这些信息用在自身中国区业务网络的整合上。

（3）金融技术壁垒与专利问题。在全球范围内申请金融专利是国际活跃银行的惯用手法，花旗在我国申报19项金融专利，为建立网络银行垄断地位抢得了先机。外资银行专利不仅数量大，而且多抢占市场价值高的基础项目；外资银行在风险管理、产品创新上也存在很大技术优势。反观我国，金融机构的专利保护意识薄弱，核心技术与专利研发相对落后，而引进战略投资者的成本就是付出的“股权换技术”学费。因此，在金融领域培养自主创新能力、避免外资金融机构建立技术壁垒也是保障金融安全的重要方面。

（4）战略投资者在中国混业经营与并购问题。汇丰银行同时持有交通银行、上海银行、平安保险、平安银行和山西信托的股份，其在中国横跨银行、保险、信托的金融网络已经初步形成，然而，目前我国尚无相应法规对跨国金融控股公司加以监管。在国内金融机构不能混业经营和金融监管采取分业监管模式的情况下，允许国际金融控股集团分别参股国内金融业的各个层面，不仅不利于创造一个公平的竞争环境，而且很难对外资银行进行全方位监管，从而构成金融安全的潜在隐患。

附录：外资入股中国金融机构情况表

截至2006年10月

境外投资者	所在地	被投资企业	金额	比例（%）	时间	备注
淡马锡	新加坡	中国建设银行	10亿美元	—	2005－07	在首次公开发行时子公司亚洲金融控股还将认购10亿美元股份
		中国银行	31亿美元	10	2005－08	公开募股时再认购5亿美元的股份
		民生银行	—	3.9	2005－12	—
高盛集团	美国	中国工商银行	25.8亿美元	7	2005－08	—
		高华证券	10.7亿元人民币	—	2004－10	注册资本金中，高盛曲线投资8亿元人民币（名义上是国内券商投资）
苏格兰皇家银行	英国	中国银行	31亿美元	10	2005－08	财团参股10%，其中苏格兰皇家银行16亿美元，美林7.5亿美元，长江实业7.5亿美元

续表

境外投资者	所在地	被投资企业	金额	比例（%）	时间	备注
安联集团	德国	中国工商银行	10亿美元	2.5	2005-08	安联保险公司
		安联大众人寿	—	51	1998-10	安联保险公司
		国联安基金公司	3 300万元人民币	33	2003-04	安联集团
汇丰集团	英国	交通银行	—	19.9	2004-08	香港上海汇丰银行
		平安保险	81.04亿港元	9.91	2005-05	汇丰保险集团
		山西信托	980万元人民币	49	2005-11	汇丰投资（欧洲）管理公司
		上海银行	—	8	2002-01	香港上海汇丰银行
花旗银行	美国	上海浦发银行	6亿元人民币	4.62	2005-12	至2008年4月30日，花旗可通过行使认股权增持浦发银行股份至24.9%
		广发行	花旗集团收购广发行20%股权，获得经营管理权			
IBM信贷	美国	广发行		4.74		
瑞银集团	瑞士	中国银行	5亿美元	1.61	2005-08	—
		国投瑞银基金	4 900万元人民币	49	2005-05	—
渣打银行	英国	渤海银行	—	19.99	2005-09	—
国际金融公司	美国	兴业银行	—	4	2003-12	—
		民生银行	—	0.353	2005-12	—
		西安商业银行	—	5	2004-09	持股比例将在四年内提高到12.4%
		南京商业银行	2 700万美元	15	2001-11	—
		北京银行	0.59亿美元	5	2005-04	—
		上海银行	—	7	2002-01	由5%（1999年）增加至7%（2002年）

续表

境外投资者	所在地	被投资企业	金额	比例（%）	时间	备注
澳大利亚联邦银行	澳大利亚	济南商业银行	1.43 亿元人民币	11	2004 - 11	2008 年 5 月 14 日前可增到 20%
		杭州市商业银行	8 000 万美元	19.90	2005 - 04	—
荷兰国际集团	荷兰	北京银行	1.96 亿欧元	19.90	2005 - 03	—
		招商基金公司	4 800 万元人民币	30	2002 - 12	—
新加坡政府投资有限公司	新加坡	兴业银行	—	5	2003 - 12	—
		中国国际金融公司	—	—	—	三家外资股东摩根士丹利国际公司、新加坡政府投资公司和名力集团控股有限公司共持股 49%
恒生银行	中国香港	兴业银行	16.26 亿港元	15.98	2003 - 12	—
新桥	美国	深圳发展银行	—	17.89	2005 - 06	—
德意志银行	德国	华夏银行	—	9.9	2006 - 04	卢森堡公司为德意志银行的全资子公司，德意志银行和奥彭海姆签署有股份转让的期权协议
美国运通	美国	中国工商银行	2 亿美元	0.5	2005 - 08	—
美国银行	美国	中国建设银行	25 亿美元	9（扩股后为 8.7）	2005 - 10	—
德国复兴信贷银行集团、德国投资与开发有限公司	德国	南充市商业银行	300 万欧元	10	2005 - 07	—
德国储蓄银行国际发展基金	德国	南充市商业银行	100 万欧元	3.3	2005 - 07	—
光大控股公司	中国香港	光大银行	—	21.39	—	—
香港上海商业银行	中国香港	上海银行	—	3	2002 - 01	—

续表

境外投资者	所在地	被投资企业	金额	比例（%）	时间	备注
亚洲开发银行	菲律宾	中国银行	7 500 万美元	不足 1	1996	—
		光大银行	—	1.9	—	—
萨尔·奥彭海姆股份	德国	华夏银行	—	4.08	2006-04	—
美林投资管理公司	美国	中国银行	7.5 亿美元	—	—	苏格兰皇家银行银团成员
		中银国际基金公司	1 650 万元人民币	16.50	2004-08	—
英国保诚集团	英国	信诚基金	3 300 万元人民币	33	2006-01	—
		信诚人寿	2.5 亿元人民币	50	2000-10	—
加拿大丰业银行	加拿大	西安商业银行	—	4	2004-09	持股比例将在四年内提高到 12.4%
法国兴业资产管理公司	法国	华宝兴业基金公司	3 300 万元人民币	33	2003-02	—
欧洲富通基金管理公司	比利时	海富通基金公司	3 300 万元人民币	33	2003-04	—
美国景顺资产管理公司	美国	景顺长城基金公司	4 900 万元人民币	49	2003-06	—
加拿大蒙特利尔银行	加拿大	富国基金公司	2 000 万元人民币	20	2003-09	2004 年 12 月蒙特利尔银行占注册资本的 27.775%
荷兰银行	荷兰	湘财荷银基金公司	3 300 万元人民币	33	2003	若被兴业银行接盘，湘财荷银将变身为银行系基金公司
美国保德信投资管理有限公司	美国	光大保德信基金公司	3 300 万元人民币	33	2004-04	—
法国巴黎资产管理有限公司	法国	申万巴黎基金公司	3 300 万元人民币	33	2004-08	—

续表

境外投资者	所在地	被投资企业	金额	比例（%）	时间	备注
摩根富林资产管理有限公司	美国	上投摩根富林明基金	5 000 万元人民币	33	2004 - 05	—
摩根士丹利	美国	中国国际金融公司	—	—	—	三家外资股东持股 49%
名力集团	中国香港	中国国际金融公司	—	—	—	三家外资股东持股 49%
名力集团	中国香港	爱建信托	3.5 亿元人民币	46.6	2004 - 11	重组后的结果未定
美国坦伯顿国际股份有限公司	美国	国海富兰克林基金	3 300 万元人民币	33	2004 - 11	—
友邦投资管理公司	美国	友邦华泰基金公司	原投资 3 300 万元人民币	49	2005 - 08	—
德意志资产管理公司	德国	嘉实基金	1 950 万元人民币	20	2005 - 06	—
瑞士信贷第一波士顿	瑞士	工银瑞信公司	5 000 万元人民币	25	2005 - 07	—
施罗德投资管理公司	英国	交银施罗德基金公司	6 000 万元人民币	30	2005 - 08	—
美国信安金融集团	美国	建信基金	4 000 万元人民币	25	2005 - 08	—
瑞典斯堪的亚公共保险	瑞典	瑞泰人寿	1 亿元人民币	50	2004 - 01	—
荷兰 AEGON 保险集团	荷兰	海康人寿	1.5 亿元人民币	50	2003 - 05	—
光大永明人寿	加拿大	中保康联人寿	9 800 万元人民币	49	2000 - 06	为永明金融集团在国内的合资保险公司
英国标准人寿保险	英国	恒安标准人寿	6.5 亿元人民币	49.99	2003 - 12	—
美国纽约人寿保险	美国	海尔纽约人寿	1 亿元人民币	50	2002 - 11	—

续表

境外投资者	所在地	被投资企业	金额	比例（%）	时间	备注
日本生命保险相互会社	日本	广电日生人寿	1.5亿元人民币	50	2003-01	—
苏黎世保险公司	瑞士	新华人寿	—	10	2006-01	—
明治安田生命保险	日本	新华人寿	—	4.4	2006-01	—
荷兰金融发展公司	荷兰	新华人寿	—	4.5	2006-01	—
意大利忠利保险	意大利	中意人寿	2.5亿元人民币	50	2002-01	2006年2月有消息称中外方股东计划增资8亿元人民币
英国英杰华保险集团	英国	中英人寿	2.5亿元人民币	50	2003-01	—
加拿大宏利集团	加拿大	中宏人寿	2.55亿元人民币	51	1996-11	—
加拿大永明金融	加拿大	光大永明人寿	1亿元人民币	50	2002-04	—
美国信诺北美人寿保险	美国	招商信诺人寿	1亿元人民币	50	2003-09	—
美国ACE集团	美国	华泰财产保险	1.5亿美元	22.13	2003-05	—
里昂证券	法国	华欧国际证券	1.67亿元人民币	33.33	2003-12	中方湘财证券在重组
法国巴黎银行集团	法国	长江百富勤证券	2亿元人民币	33.33	2003-11	—
大和证券SMBC株式会社	日本	海际大和证券	1.67亿元人民币	33.33	2004-11	—
香港津联集团	中国香港	天津北方信托	1.57亿港元	11.02	2002	—
通用汽车金融服务公司	美国	上汽通用汽车金融公司	3亿元人民币	60	2004-08	—

续表

境外投资者	所在地	被投资企业	金额	比例（%）	时间	备注
福特金融	美国	福特汽车金融公司	5 亿元人民币	100	—	外方独资
大众汽车金融服务股份公司	德国	大众汽车金融公司	5 亿元人民币	100	—	外方独资
丰田金融	日本	丰田汽车金融公司	5 亿元人民币	100	—	外方独资

资料来源：根据公开资料收集整理。

5

国际政治对银行业开放战略的影响——基于大国博弈的分析

通过国际政治经济学的分析，我们知道影响并购或开放决策的主体不只是双方银行和东道国政府自身。如果将银行业开放案例纳入国际政治学的框架分析，我们就必须分析各个国际行为体的偏好、目标及行为特征。银行之间的并购是微观主体的行为，更多考虑的是经济学意义上的成本收益。而银行业的整体开放是一个宏观问题，是国内经济决策和国际交往的一部分。从政治学的角度出发，银行业开放战略制定实际上关系到各国政治经济博弈的结果。

政治与国防安全的基本含义本来就是指主权与控制权的稳定。由于金融具有内生脆弱性，因而银行业控制权并不是一国金融安全的充分条件，具有控制权不等于拥有银行业安全。可是对于中国这样一个社会主义大国来说，保有银行业控制权一定是保障金融安全的必要条件：我国银行业被外资控制肯定会导致金融不安全。这是基于如今国际地缘政治现实的判断。在国际外交与军事领域，我们比较容易看到赤裸裸的霸权行径，1998 年的南联盟和 2003 年的伊拉克在精确制导武器的打击下丧失了国土的控制权。然而，金融领域是否会成为霸权争夺中隐秘的战场？是否有一种势力在刻意控制或倾覆我们的金融体系？这一系列的疑问恰恰是人们关于我国银行业开放最为担心的问题。银行业开放抉择的实质是东道国银行业效率改善与控制权风险之间的成本收益比较，在决策过程中往往必须考虑国内外利益集团与国家之间争夺权力与利益的博弈。这样的问题运用单纯的经济学思维是得不出答案的，而站在政治学角度，学术界也总是更多地从规范的方法来分析——因为各国对外经济政策的动向是十分秘密的情报；我们只能“管中窥豹”，从大国间经济角力的公开信息中寻求片断的实证支持。

5.1 典型开放案例的不同政治历史背景

本书一直强调，金融开放，特别是银行业的开放并非一个单纯的经济学问题，在选择过程中往往必须考虑国内利益集团之间以及国家之间争夺权力与利益的博弈。从政治学角度来看，发展中国家银行业开放的实质内容是：美国等发达国家政府试图对发展中国家的金融制度安排施加有利于自己的影响；而发展中政府则要基于经济改革需要和政局稳定需要，按照自己的偏好来制定银行业对外开放的决策。发达国家的着眼点更多在于以改革促开放，而发展中国家则更多地立足于以开放促改革。应该说，不同国家在不同发展阶段，银行业对外开放具有截然不同的意义。

综观世界，东欧、拉美和亚洲部分国家是银行业开放幅度最大、影响最深入的国家。通过研究发现，东欧和拉美某些国家银行业资产 70% 以上是由外资控制的。这些国家金融当局没有太多的发言权，金融控制权可以说已经基本丧失。到目前来看，东欧一些国家的金融效率得到改善，稳定性得到提高。我们是否能以此推论银行体系的效率和稳定是第一位的，而控制权的问题不重要？从不同国家的国情，特别是政治角度来分析，答案是否定的。国际金融领域呈现出明显的中心—边缘结构。地缘政治、意识形态和文化观念会给不同国家的金融安全带来显著的差异。

5.1.1 欧盟一家：中东欧开放的潜台词

（1）中东欧银行业开放的基本情况。在中东欧，最早由计划经济转变为市场经济的所谓“转型国家”主要包括波兰、匈牙利、捷克、斯洛伐克、斯洛文尼亚 5 个中欧国家和立陶宛、拉脱维亚、爱沙尼亚 3 个波罗的海沿岸国家。这 8 个国家不仅地域相近，而且银行体系改革的时间和路径也基本一致，此外，它们均于 2004 年加入欧盟，成为欧盟的最新成员。第二次世界大战结束后，前苏联将中东欧国家统统纳入以自己为核心的华约阵营。在漫长的

“冷战”时期，中东欧国家的银行体系自然也遵循了前苏联的大一统银行体系，中央银行与商业银行融为一体，财政与金融彼此不分，排斥商业信用和市场竞争，国家主体银行成为全国的发行中心、出纳中心、信贷中心和结算中心。中东欧国家银行体系改革的第一步出现在政治剧变前后，中央银行和商业银行的分离在20世纪90年代初期都已经基本结束。各国新政府曾经希冀通过建立独立的中央银行和市场主导的商业银行使银行体系适应市场化改革，但由于当时的商业银行为国家独资或绝对控股，计划经济残留严重，不廉行为严重，再加上改革阵痛导致大量企业破产，分拆时接收的和经济衰退时新增的不良贷款使商业银行和政府不堪重负，银行私有化改革势在必行。20世纪90年代中期，私有化成为中东欧国家银行体系改革的主旋律。由于金融市场不完善，仅仅依靠国内金融资源和金融市场无法完成商业银行改革重任。有鉴于此，中东欧各国政府对银行体系实施了激进的、暴风骤雨式的对外开放政策：一是降低甚至取消了外资银行进入的门槛，放松外资银行设立分支机构的限制；二是允许外资银行作为战略投资者参股国有银行或收购国内银行。大规模向外国银行出售国有银行股份，形成了现在中东欧国家银行产业的最大特色：银行市场对外开放度高，外资银行占有国内银行市场的主要甚至绝对份额。

（2）银行业开放是加入欧盟的前提之一。中东欧国家加入欧盟战略的选择，不仅体现了冷战后欧洲地缘结构的改变，而且也意味着制度和发展模式的竞争。[①] 经过长期冷战的中东欧与西欧，经济水平虽有差异，但在地缘政治上并不是对立的。20世纪90年代初制度转轨后，中东欧各国新上台的政治家们逐渐认识到，要从呆板的计划经济体制中走出来，达到真正的欧洲水平，参加欧盟乃是最重要的途径。这样，“回归欧洲”成了追求的目标。实际上，它们本来就是欧洲国家，“回归欧洲”纯系政治经济需要。它们争取入盟，首先意味着要将本国经济融入拥有7.3亿人口的欧洲大市场，这样，落后的东部欧洲与发达的西部欧洲将实现一体化，使这些国家的经济、文化、社会各领域得到迅速赶上西欧水平的机遇。欧盟东扩，实现一体化，必将大大有利于缩小欧洲的地域差异。

---

① 霍宏伟、姚勤华：《中东欧国家加入欧盟进程：战略选择与政策调整》，载《东欧中亚研究》，2002（2）。

1993 年，欧盟理事会哥本哈根会议为中东欧国家加入欧盟制定了政治、经济、法律等方面的总框架，包括政治民主化、经济市场化、法律制度西方化、接受欧盟体制和入盟不危害欧盟现有一体化五项条件。其中，经济市场化的要求是，申请国必须采纳市场经济的发展模式，并努力实现这一目标；要有能力承受欧盟内部的各种竞争压力和来自欧洲内部市场的各种冲击，以满足和适应统一欧洲市场的种种条件和要求。

同时，加入欧盟进程给中东欧带来了巨大的福利，因为如果没有欧盟的援助，中东欧经济政策调整过程将会极其艰难甚至会陷入瘫痪。自 20 世纪 90 年代初起，欧盟对中东欧地区的资金援助发挥了非常重要的作用。欧盟对中东欧提供的资金包括研究技术开发资金、地区政策资金、职业培训基金、结构改革基金、环境基金等。欧盟有关的法律指导、人才培训、经济援助以及西欧的市场对中东欧国家经济发展和结构重建起到了至关重要的作用。中东欧国家加入欧盟后，欧盟的结构基金和农业基金仍会继续对中东欧地区进行援助，这将是该地区经济持续增长的一个重要保证。

与此同时，可以说西方新自由主义经济理论主导了中东欧入盟国家的经济政策调整过程。从开放银行业市场来看，中东欧银行结构改革，其模式的选择直接反映了政策调整的“欧洲取向”，如在法律框架、管理方式、技术指标等方面大都采用德国通用银行模式，商业银行兼具金融和投资功能，银企关系十分密切，这与国际金融机构和欧盟国家大银行的直接指导和援助有关，它们向中东欧提供了大量相关的改革方案、顾问小组和专家咨询团，其中，国际货币基金组织和欧洲复兴开发银行做了大量的工作。在它们的指导下，债务重组和私有化是银行改革的最主要手段，其结果就是银行业资本集中趋势加强，外资银行对中东欧金融市场的主导作用越来越明显。而中东欧民众对外国控制银行业的认识过程是渐进的。在中东欧 8 国银行市场对外开放特别是大规模引进战略投资者的初期，曾经引起强烈的震动，反对和担忧者颇多，他们惊呼“坦克走了，银行来了”，即好不容易摆脱了前苏联的军事控制（Tank），又遇到了西欧的经济入侵（Bank）。[①] 然而，随着政府强制性推行银行市场开放的深入，中东欧国家改善了银行业的效率和稳定，加强了与西欧和美国经济的直接

① 李石凯：《后转型时期的中东欧银行业》，载《中国金融》，2006（6）。

联系，加快了加入欧盟的进程。因此，现在中东欧民众和学术界对银行市场开放基本上都持肯定态度。

（3）“依附性资本主义”是中东欧各国发展的本质。20 世纪 90 年代初的东欧剧变以来，脱离了前苏联阵营的中东欧国家在民众观念与经济体系上经历了惨痛的蜕变过程。回归欧洲、融入欧洲是中东欧国家的共同愿望。这十多年来，中东欧国家从自身政治经济等利益考虑，把加入北约和欧盟，以及纳入欧洲经济圈作为主要奋斗目标。加入欧盟的巨大收益对于企望经济腾飞的中东欧诸国来说，无疑是极有吸引力的诱饵。中东欧国家在强大的经济转轨压力下以开放市场来加速内部改革，加入欧盟进一步缩短了中东欧的转轨过程，加快了与世界经济接轨的步伐。目前中东欧国家政府的注意力主要集中在加入欧盟的时间表上，广泛推行新自由主义经济改革的结果是外国资本占领了许多战略性行业，国家主权也依附于美国和各欧洲大国。与此同时，这些国家右翼政党普遍上台执政，民众似乎已经非常享受“激进式改革”的成果，并未感觉到金融安全的严重威胁。

出现这种情况的主要原因在于，中东欧国家基本都是中小国家，在国际政治中处于从属地位，在安全上这些国家要依附于北约的军事保护伞，尽量在美国和老欧洲国家的矛盾中平衡自己的政治立场。在经济上，这些国家又想尽快融入欧盟经济圈，获得更开放的市场和更优惠的补贴。同时，中东欧地区是西方文明的发源地之一，具有悠久的罗马—拜占庭传统；兼之多数民众笃信基督教，都渴望保持历史延续性，不断强调自己欧洲人的身份。由此看来，中东欧国家将战略目标定位于融入欧洲—大西洋地缘政治圈和欧盟经济圈，自愿放弃部分民族主权是理所当然的事情。

5.1.2 美国后院[①]：墨西哥开放的政治影响

（1）墨西哥银行业开放的基本情况。墨西哥是美国的重要贸易伙伴，是

① 早在 19 世纪 20 年代，美国总统门罗就提出了著名的“门罗宣言”，称“美洲是美洲人的美洲”，实质上“美洲是美国人的美洲”；20 世纪初西奥多·罗斯福当政时期，对外奉行门罗主义，实行扩张政策，建设强大军队，干涉美洲事务。美国对拉美政治经济军事的控制一直都非常强，只是近来，美国对拉美的政策仍将服从于美国的全球战略并处于次要战略地位，拉美一些国家的左翼领导人上台，表现出不与美国妥协的态度。有意思的是，2003 年 12 月，墨西哥常驻联合国大使辛塞尔在美国一所大学发表讲话时直接将墨西哥称作“美国的后院”。当时，美国国务卿鲍威尔对辛塞尔的这番讲话大为恼火，称辛塞尔的言论“令人愤慨”。他还说：“墨西哥是美国的邻居和好朋友。我们永远不会把墨西哥当做什么后院或二等国家。”

《北美自由贸易协定》的成员国。20 世纪 80 年代中后期以来，墨西哥在美国和国际货币基金组织的支持下积极推动以经济自由化为导向的经济金融改革，并取得了不少引人注目的成就，曾一度被捧为“改革之星”。然而，与此同时，墨西哥的各种社会矛盾与潜在冲突也在逐渐积聚，各种经济金融问题若隐若现，1994 年爆发了以比索大幅贬值为主要特征的金融危机。关于这场危机的起因、对美国经济的影响及美国和国际社会如何救助墨西哥等问题，布拉德福特·德龙和巴里·艾肯格林在《在灾难和道德风险之间：克林顿政府的国际货币和金融政策》一书中作了十分详尽的分析。

墨西哥的法律从 19 世纪 80 年代开始就禁止国外的银行在国内经营。唯一的例外是外国大银行的办事处，但它们不能从事零售银行业务，只能和当地银行合作向政府和政府企业贷款。1982 年的债务危机之后，墨西哥更是连外资银行的办事处也不允许开办。即使在 1994 年墨西哥、美国和加拿大签署的 NAFTA 协议中，也严格限制外资银行在墨西哥的准入：①美国和加拿大的银行最多只能拥有墨西哥银行 30% 的股权，不能控股一家市场份额超过 1.5% 的银行（实际上只有两家墨西哥本土银行的市场份额在 1.5% 以下），美、加银行所控制的市场份额不能超过 8%；②在六年的过渡期内，美、加银行可以逐渐增持市场份额，但在 2000 年以前不能超过 15%；③在这个过渡期结束之后，如果外资银行整体控制的市场份额超过 25%，墨西哥政府有权力阻止美国和加拿大的外资购买本土银行。

在 1995 ~ 1996 年银行系统崩溃的背景下，1997 年，墨西哥政府彻底改革了银行业的法律，允许外资银行不受约束地进行经营。这次改革掀起了兼并收购的浪潮，导致了所有墨西哥大型商业银行都落入美国、西班牙、加拿大和英国的公司的控制中。在 1997 年早期，外资银行控制了墨西哥银行资产的 16%；到 2004 年 6 月，外资银行占有了约 82% 的银行资产，墨西哥 19 家银行中有 7 家是被外资并购的银行，这 7 家银行控制了银行资产的 75.5%，外资银行的分支机构又控制了 6.2% 的资产。

（2）美国人的救助与控制。显而易见，墨西哥银行业开放的直接原因就是墨西哥 1994 ~ 1995 年金融危机的爆发。金融危机后，美国以及 IMF 对墨西哥进行了大力援助。1995 年，IMF 承诺用 178 亿美元来拯救墨西哥的经济，美国甚至动用了其外汇平准基金的资金，当然银行业开放也是对墨西哥进行国际救助的重要条件。然而，对爆发金融危机的国家的态度如何，往往与该国对发达国家利益的重要性如何密切相关。美国对墨西哥提供大力的救助，原因首先在于墨西哥金融危机爆发时北美自由贸易协定生效还不到一年，如果墨西哥经济进一步恶化，美国确定的以北美自由贸易协定为核心的西半球战略必将受到影响；其次，作为一个重要邻国，美国不愿看到墨西哥形势恶化而导致大量的非法移民入境，从而引发社会动荡；最后，美国希望墨西哥实行的自由主义经济模式取得持续的发展，为其他发展中国家进行经济自由化改革和结构调整提供一个样板。就危机的影响范围和程度而言，亚洲金融危机显然要比墨西哥危机严重得多。但对亚洲金融危机，美国基本上是“袖手旁观”，“隔岸观火”。这一态度在“亚洲国家引起了广泛的敌意”。出现这一现象的原因很简单，“泰国并不像墨西哥一样具有‘美国后院’的重要地位”①，即泰国并没有墨西哥那样重要的地缘政治经济地位。美国一直坚持认为泰国的问题应由国际货币基金组织来处理。虽然国际货币基金组织后来先后对泰国（170 亿美元）、韩国（570 亿美元）和印度尼西亚（400 亿美元）等国提供了规模空前的金融援助，但贷款条件过于苛刻，行动过于迟缓，IMF 因此遭到了各种各样的批评。显然，天下没有免费的午餐，美国政府的支配地位使得国际组织成为了实现其外交政策的工具。同意和接受美国的政策主张以及所谓的“华盛顿共识”往往成为发展中国家和发生危机的国家得到援助的必要条件。

5.1.3 落后就要挨打：近代中国银行业开放的教训

1840 年鸦片战争后，中国开始沦为半殖民地半封建国家。列强通过缔结不平等条约而获得种种政治经济上的特殊权利，中国门户洞开，逐渐丧失独立发展经济的能力。外国资本输入，中国成为各国商品的倾销市场；对外贸易受在华洋行控制，每年入超，对外汇兑等现代银行业务为在华外商银行所掌握。从银行业的角度来看，1845 年，英国的丽如银行在中国建立了最早的现代银行。至清末，外商在华先后开设 25 家银行，其中，英籍汇丰银行、德籍德华银行、日籍正金银行、美籍花旗银行、俄籍道胜银行和法籍东方汇理银行实力

① 杰弗里·法兰克尔、彼得·奥萨格：《美国 90 年代的经济政策》，中文版，北京，中信出版社，2004。

强大，它们以上海为中心，覆盖中国 30 个以上大中城市。外商银行在华经营一切银行业务，基本控制了中国金融业并进而控制中国的经济财政命脉。

（1）控制中国财政税收。近代中国被迫与帝国主义国家签订了一系列不平等条约，中国每年须付出 1 亿元左右借款赔款本息，仅庚子赔款一项，中国历届政府就支付本息白银 652 377 987.75 两。[①] 中国的铁路矿山等几乎都靠借外债建设。中国每年经济收入被外国层层盘剥，这其中，一切借款赔款本息都通过在华外商银行支付，铁路矿山及其他企业投资大部分由外商银行经手，国家收入如关税、盐税都由外商银行担保，在华外商银行成为凌驾在中国主权之上的银行，中国的各类政治势力无不争先恐后地依托于列强银行。

（2）控制中国金融市场。外商银行一方面垄断国际汇兑等当时主要的银行业务，另一方面控制中国初生的金融市场。黄金、证券等金融市场的建立，金融制度的改革，民族资本与财政当局均不能独自掌握，都要受外商银行的牵制或主导。例如，20 世纪 20 年代上海国际银钱公会的 15 名委员中，外商银行推举 7 人，上海银行公会曾推举 5 人，外业公会推举 4 人，并指定麦加利银行经理或其代表为第一任主席。当时的汇兑经纪人员，外籍 56 人，国内仅有 16 人。[②]

（3）压制中国民族资本发展。近代中国在华外商银行势力之大，中国的钱庄、账局和银行无法与之匹敌，外资的垄断和控制对中国本国银行的发展起着阻碍作用。虽然国内一些士绅和官吏很早就认识到自办银行的重要性，国内也较早就出现了自办银行，但账局等早期银行业都是组织结构落后的小银行，与中国传统的小农经济社会结构相适应，始终没有实现向现代银行的转变。即使到了 20 世纪，民族资本也不能完全摆脱封建和买办色彩，取得长足发展。20 世纪 30 年代初，世界各国受经济危机严重影响，金融市场极为萧条，可是汇丰银行一家 1932 年在华纯利竟达 20 315 231 元，1933 年更是达到 18 840 000余元，而 1933 年上海 36 家中资银行盈余仅 18 845 000 元。[③] 由于实

① 财政科学研究所、中国第二历史档案馆编：《民国外债档案史料》，第 12 卷，“中国海关与庚子赔款”，228 ~ 234 页，北京，中国档案出版社，1992。

② 徐寄顷：《最近上海金融史》，423 ~ 424 页，上海，商务印书馆，1929。

③ 《申报年鉴》，财政经济类“金融”M186 页，1933 年 3 月版。《中行月刊》第 6 卷，第 3 期，1932 年 3 月版。

力差距和政治经济地位的差距，民族资本始终没有摆脱西方列强控制奴役的阴影。

（4）策动金融风潮。贫弱的近代中国，民族金融业和民族工商业都不发达，国家的经济命脉受制于人，极易引发金融危机。据史料统计，1840～1949年的百年之间，我国共发生了13次规模较大的金融风潮（1840～1856年白银危机、1866～1867年金融风潮、1871～1873年金融风潮、1878～1879年金融风潮、1883～1884年金融风潮、1910年橡皮股票风潮、1911年票号集中倒闭、1916年中交停兑风潮、1921年信交风潮、1934～1935年白银风潮、1947年黄金风潮、1948年法币危机和1948年金圆券崩溃危机）。① 历次金融风潮对本已残破不堪的旧中国经济来说更是雪上加霜，最终触发了半封建半殖民地社会的崩溃。究其原因，外资银行控制中国金融业是其中致命的一点。几次大的金融风潮都是由外资银行的疯狂投机和紧缩银根引发的。例如1883～1884年金融风潮，1881年、1882年，上海出现洋钞、银两的价值背离，外国银行开始主导银洋投机。1882年，我国入超上千万两，贸易结算不堪重负。胡雪岩代表的旧式商业资本与外国势力争夺丝茶贸易的价格领导权，最终出现大额亏损，银号倒闭，金融市场定价权旁落。这时，各钱庄只有依赖外国银行融通拆款。民族资本涌向上海集资，银根紧张，而外国在华银行又突然拒办一直都在开办的短期信用贷款，金融风潮爆发并波及全国各重要城市。又如1934～1935年的白银风潮，就是由于美国1934年实行"购银法案"，世界市场银价上涨，在华外资银行将白银大量运往伦敦银市场出售，导致我国大量白银外流，通货紧缩并形成影响深远的全国性经济危机。最后国民政府只得放弃银本位，实行法币制度。

从1840年到1949年漫长的百年，中国银行业主权沦丧，保障金融安全更是无从谈起。开放是历史的必然，但是落后就要挨打。上述史料说明，近代中国经济的衰败和金融风潮的爆发都与被迫开放密切相关，而根源在于半殖民地国家主权的沦丧和民族金融业的羸弱。中国近代史上，外国资本的冲击之烈，影响之深，足以警喻当世！虽然近代与当代历史条件有所不同，但是金融风潮的成因、爆发、后果却存在许多相似之处。因此，金融国际化背景下的金融安

① 根据洪葭管等人的研究成果整理而成。

全问题仍需引起大家的高度重视。

5.1.4 对我国银行业开放战略的借鉴

通过对上述典型案例的剖析，我们可以看出，不论是当代中东欧和拉美开放，还是近代中国的门户洞开和当代中国的国情都不具备直接的可比性。然而，不同的开放模式中间总有一些相关的因素，这些因素决定了国家开放战略的选择，对我国现阶段具有重要的借鉴意义。

（1）大国的安全观念和小国截然不同。地缘政治、经济依附性和历史文化传统等综合因素既决定了目标国经济在霸权国眼中战略地位和地缘价值的差异，也决定了东道国对外国干预的接受程度。“小国对大国政治、经济的依附性，决定了大规模对外开放，甚至在特定的历史条件下由外资银行占主导都不失为一种可取的政策选择。而大国之间的对抗性及政治、经济的非依附性使大规模引进外资的长期结果难以预料，利弊的分野在于推行开放政策的国家管理经济金融的水平。”①

（2）中国历来都是大国，近代百年开放的惨痛教训告诫我们国家主权和民族意识的重要性。当代中国迅速崛起，采取的又是社会主义政治制度和自主发展模式，这都让某些西方势力长期耿耿于怀。此时的国际地缘格局更加凸显了主权观念与大国博弈的现实意义。因此，不论在哪个历史时期，我国都不可能采取类似中东欧国家的金融开放战略，现阶段我国的银行业开放也只能采取“以我为主、循序渐进”的开放模式。

5.2 我国金融开放中的国际政治因素

由于各国国情不同，大国的金融安全观念与小国存在显著差异，因而大国制定银行业开放战略时会更多地考虑到国际地位、国家影响力等方面的制约因素。我国银行业开放战略的抉择无疑会受到大国间政治外交的影响，这其中主要就在于中美之间国家战略层面的角力。总的来说，中美关系可以归结为如下

① 曾康霖、高宇辉、甘煜：《国别差异与银行业对外开放风险评判》，载《国际金融研究》，2006（11）。

两点：非对称性的相互依赖与必然的战略冲突。

5.2.1 美国的政治信仰与对外政策

在当今世界，美国是唯一的世界性霸权国家，也是现代经济与西方文化的代表性国家。虽然其他西方发达国家在对外经济政策上存在各自的利益考虑，但是对发展中国家金融开放影响最大的还是美国的态度和对外经济政策，因此，下面分析我国银行业开放中的外国政策态度与政策影响，仅以美国为例。

（1）美国国家战略的对外经济层面。正如第一章的分析，美国人对于这个世界的认识也存在两种非此即彼的设想：地缘政治现实主义和自由开放社会理想主义。可以说，美国的对外经济政策也秉承了这样的两分法原则。在意识形态上，美国人认为国家富强唯一持久有效的模式是自由、民主和自由企业。2002 年 9 月，美国国家安全战略提出了“通过自由市场和自由贸易开启全球经济发展新时期”的战略要点。美国总统布什 2002 年 3 月 22 日在墨西哥蒙特雷发表讲话时说：“如果各国封闭国内市场，机会又被少数享有特权者霸占，那么无论提供多少发展援助，无论数量有多大，都永无足够之时；如果各国尊重本国人民，开放市场，投资改善卫生和教育，那么每一美元的援助，每一美元的贸易收益和国内资本，都能得到更为有效的使用。”从国家战略上可以看出，美国政府是基于民众的理想主义情绪和国家的现实利益两个方面来考虑对外的政策选择。美国对于其他国家金融开放的政策态度一直很明确，就是通过各种手段促进他国主动或被动地扩大开放程度。这样的政策选择既符合美国所谓国际自由社会的追求，又符合美国的国家利益和商业利益。

（2）美国的政治结构与对华态度。一个国家的政治制度，包括选举制度、选举时间、政治类型（民主化程度）、政局的稳定性、政治透明度等对一国对外经济政策的选择都有重要的影响。在一国内部并不存在某种简单叠加的或统一的“国家利益”，一国的国家利益只能形成于冲突的集团利益，往往是各种利益集团较量达成的均衡。利益集团是政治生活中的普遍现象。利益集团是指“为了自身利益致力于影响国家政策方向的组织，它们自身并不图谋推翻政府”。[①] 每个国家的政策制定一般都要考虑国内各政党和利益集团的诉求。总而言之，政治家们会通过一些对外的政策组合来满足利益集团的需求，影响国内政治，尤其是各级选举。因此作为一个大国，为了迎合选民，维护自己利益，政府的决策者会对其他国家的经济金融开放说三道四，施加压力，力图表现自己政党的政治信仰和决心。事实上，现在的国家政策制定与国际关系中，很多分析都来自利益集团的视角，因为政治本身就是人格化的政府或利益集团通过持续讨价还价的博弈，最终相互妥协达成的某种均衡。

美国政治生活中最重要的三种势力是总统代表的政府、国会和幕后的利益集团。在美国，利益集团、国会与行政机构之间的关系错综复杂。据说美国有5 000 多个利益集团，涉及社会政治、经济、生活的各个方面，大到国际关系、税收政策，小到烟草、同性恋、枪支管制等内容都有各种组织在活动。对华的外交政策和经济政策是美国政治的重要组成部分，因此，在美国国内，对华关系和政策制定时时刻刻都受到各种各样的政治势力的影响。表 5 – 1 总结的是美国常见利益集团对我国的政治态度。

表 5 – 1　　美国对华的常见利益集团

	经贸类	劳工类	意识形态类	其他
常见利益集团	香港美国商会、美国国际协会、美中贸易全国委员会，Boeing、AT&T、IBM、GE、GM 等工业团体，全美小麦种植者协会、北美谷物出口商协会、玩具商协会、鞋批发与零售商协会	劳联—产联（AFL – CIO）、全国成衣及纺织品协会、国际女装工人联盟、1996 年停止对华最惠国待遇联盟、全美卡车司机联合会	台湾人公共事务会、美国保守派联合会、自由之家、民主中国基金会、中国学者与学生独立联盟、南方浸礼教会、人权观察、亚洲观察	各类环保组织、动物保护组织、知识产权协会
主要倾向	支持中美发展关系	反对对华贸易、反对对华投资	铁杆反华、亲台	限制中国发展
对华政策影响	正面	负面	极负面	负面

资料来源：张岸元：《中美关系中的跨国公司因素》，载《世界经济与政治》，2001（1）。

总而言之，美国对华政策制定的基本原则在于：只要发展对华关系符合美

① 戴维 · 米勒、弗农 · 波格丹诺：《布莱克维尔政治学百科全书》，中文版，“利益集团”条，362 页，北京，中国大百科全书出版社，1992。

国国家利益，总统主导的对华政策就不会有大的变化。“广泛接触和重点遏制”这一点构成中美关系中的基本面因素。而美国国会因为有某些不友好的势力操纵，某些提案经常挑动中美关系的神经。对多数国会议员甚至是那些支持中国加入世界贸易组织的议员来说，批评中国总是能吸引更多的目光，获得更多的政治资本。除了不时召开听证会向中国和美国行政部门施加压力外，国会设立的两个专门委员会——美中经济安全审议委员会（USCC）和国会——行政中国委员会（CECC），都把中国加入世界贸易组织的承诺履行当作重要的讨论内容。而在国会和利益集团中，在中国问题上具有不同看法的政治力量往往此消彼长，这将使中美关系在大势不变的情况下在一定幅度内波动，这一点构成中美关系中的技术面因素。

（3）美国对国际组织的操控。随着各国之间政治、经济、文化联系日益紧密，各国之间相互依赖与制约也在进一步加强。大国之间的政策博弈和协调，将最终推动国际政治经济新秩序的建立。索罗斯等人认为：“国家作为国际关系中的一个理性行为主体，其行动必然受到整个国际体系的制约，国与国之间的协调将最终奠定全球治理结构的基石。”在这样的背景下，国际上诞生了国际货币基金组织（IMF）、世界贸易组织（WTO）和世界银行（WB）等国际经济组织。这三个国际组织各自有不同的历史使命，然而不可否认的是，美国政治因素对国际组织的行为具有至关重要的影响。

美国宾夕法尼亚大学政治学教授、布鲁金斯学会研究员约翰·伊肯伯里提出：美国倡导全球治理的目的是采取建设性接触或者说开明的战略。用“促使开放”、“加以约束”和“联为一体”的方式，逐步把中国、俄罗斯、朝鲜等国家纳入名副其实的民主资本主义秩序的经济和体制结构中来。其中之一就是鼓励这些国家参与世界贸易组织、国际货币基金组织和亚太经合组织等国际机构的活动，使这些国家遵守全球机构成员所承担的义务，按照美国所抱有的期望行事，接受这些受美国操纵和控制的国际组织的原则、准则和行为标准。[①] 正如美国哥伦比亚大学国际法和国际组织教授理查德·N. 加纳所言：“美国在国际合作中，锲而不舍地在一个个具体问题上一点一点地侵蚀国家主权，最终建立起世界秩序大厦。而发展中国家是没有能力去侵蚀别国的经济主

① 约翰·伊肯伯里：《美国无敌：均势的未来》，中文版，北京，北京大学出版社，2005。

权的，因此只能是被侵蚀的对象。”① 从这个意义来说，全球化就是美国的全球化，“华盛顿共识”等共同意识、贸易协定等国际规则、国际货币基金等国际组织在文化、法律和经济等方面都为美国的国际经济外交政策提供了操控的基础。

5.2.2 中国的安全战略与开放政策

（1）中国对国家安全局势的判断。《2006 年中国国防白皮书》对我国现今的国家安全局势的阐述如下：中国的安全仍面临不容忽视的挑战，国内和国际因素关联性增强，传统和非传统安全因素相互交织，维护国家安全的难度加大。反对和遏制“台独”分裂势力及其活动的斗争复杂严峻。台湾当局实行激进“台独”路线，加紧通过推动所谓“宪政改造”谋求“台湾法理独立”，对中国的主权和领土完整、台海及亚太地区的和平稳定构成严重威胁。美国多次重申坚持一个中国政策、遵守中美三个联合公报、反对“台独”的立场，但美国继续向台湾当局出售先进军事装备，并与台湾加强军事联系和往来。少数国家炒作“中国威胁论”，加强对中国的战略防范与牵制。周边复杂而敏感的历史和现实问题，仍对中国的安全环境产生影响。国际社会面临的安全威胁日趋综合化、多样化和复杂化，天下仍不太平。

天下仍不太平，特别是在亚洲经济危机以后，这样的观点也是中国政府对经济金融方面比较普遍的判断。

（2）决策偏好：渐进式的金融开放模式。社会主义制度是我国的根本制度。“坚持公有制的主体地位，发挥国有经济的主导作用”是不容动摇的。国资委《关于国有控股上市公司股权分置改革的指导意见》所说的“发挥国有控股上市公司在资本市场中的导向性作用，促进资本市场实现长期、稳定发展”，事实上也离不开国有资本对上市公司的整体控股。因此，坚持国有经济的主导地位，维持全局稳定是中国政府宏观政策决策的关键所在。如果非得在效率和稳定之间进行选择的话，肯定偏好稳定目标。

当前中国经济高速发展的表象下仍然隐藏着棘手的深层次结构调整问题：国企的产权改革、不良资产处置、产业升级、经济结构转换、失业与社会保障

① 转引自孟国碧：《经济全球化的关键是控制核心经济主权》，载《理论探讨》，2000（5）。

以及地区经济平衡等问题依然困扰中国经济健康发展，中国金融体系的制度性和结构性因素扭曲尚未得到有效消解，金融体系存在很强的脆弱性。在这样的背景下，我国银行业大规模对外开放可能对中国的金融体系带来严重的冲击和影响。因此，金融体制虽然也在逐渐改革，但是国家作为产权所有者的地位始终没有改变。目前中国正在进行的金融改革是以政府为主要推动力的自上而下的体制改革，改革仍然要求大银行要由国家长期控股。一些重要中介机构，比如说交易所、银联，支付清算系统如数据库设施，都肯定是要由国家长期控制，不可能对外开放的。

5.2.3 中美之间的依赖与冲突

在中国加入世界贸易组织后，中美经贸关系已经进入了一个新的阶段。中国不断上升的国际竞争力已经使美国把中国当作一个真正的竞争对手，而不仅仅是一个潜在市场来看待。① 美国至今依然是当今世界上唯一的政治、军事、经济霸权国。中国依靠美国实现出口和经济增长，从美国的进口也提升了中国的技术能力，美元资产是中国最主要的外汇储备资产。美国依赖中国扩大出口和扩大海外市场份额也发展得极其迅速；除贸易外，美国在华直接投资也发展迅速，虽然中国占美国全部对外直接投资的比重还小，但是增长势头旺盛；美国的国内储蓄不足需要中国购买大量的美国国债予以补充，中国已取代日本充当了给美国最大融资的银行家。然而，这种相互依赖性是非对称性的，不论从经济实力、贸易规模，还是外汇储备币种与资产结构上，中国对美国的依赖都要大于美国对中国的依赖，美国占主导地位，中国处于被动地位。②

与此同时，中美之间的结构性战略冲突是必然存在且难以调和的，是新兴大国与老牌帝国在全球既定资源利益格局下的必然，它既不会因中国“积极融入主流国际社会”而化解，也不会因中国政府的低姿态和政治制度的民主化转型而消失。在全球资源总量出现瓶颈的背景下，“中国崛起”对所有既得利益国家（传统强国）都是噩梦，对美国“保持对世界秩序主导权”的战略目标更是严重的障碍，所谓的“双赢”只是口头上好听的政治词语。当今世

① 屠新泉：《中国加入 WTO 以来的美国对华贸易政策》，载《世界经济研究》，2007（12）。

② 栗志纲：《政治因素与汇率制度选择——关于中美人民币汇率争论的一个政治学解释》（未公开发表），2006。

界仍是美国一超独大、单极化特征明显的世界。迄今为止，虽然中国的经济水平、综合国力已有较大增长，但仍不具备与美国全面抗衡的能力。因此，一味正面对抗硬顶美国也不符合中国的利益。当然，美国的视野是全球一盘棋，也不会全力对付中国，否则只会鹬蚌相争，渔翁得利，便宜了欧盟、俄罗斯和日本等，因此只能对中国采取“既遏制又接触”的策略。

2001 年中国加入世界贸易组织以来，两国间贸易摩擦层出不穷。两国在纺织品、知识产权、反补贴、反倾销等领域不断发生冲突，并多次诉诸世界贸易组织争端解决机构，两国在人民币汇率问题上的交锋更成为近年来世界经济政策协调中的头等大事。中国对美国的巨额贸易顺差和人民币升值问题是目前两国争议的焦点。而随着经济全球化不断加深，美国要求中国开放金融市场的呼声也越来越高。基于中美两国力量对比不均衡，相互依赖与战略冲突必然存在的格局，中国对美国只能采取牵制策略，既不一味迎合，也不对其要求置之不理，要发挥政治智慧在二者之间寻找均衡。2006 年以来中美两国的三次战略经济对话就反映了中美经济既交流又博弈的过程。

5.3 中美战略经济对话中的金融开放博弈

5.3.1 中美战略经济对话机制

在全球化时代，各国之间的经济联系越来越紧密，大国经济及其宏观调控政策对国际经济发展具有重要作用。这一方面意味着大国经济政策的溢出效应要求各国宏观经济调控需要超越国境，开展国际经济政策协调；另一方面说明大国间利益的不协调需要一种对话机制来谈判妥协，因为冷战后各国都意识到，对话总要比对抗好。

近几年来，全球经济失衡是国际经济发展的主要议题。引起这种失衡有众多的原因，其中，中美贸易差额与人民币汇率是争论的焦点之一。中国经济崛起意味着西方主要经济大国需要强化与中国的经济政策协调。国际上存在多种经济政策协调机制，而西方国家之间的经济协调很多时候都是通过 G7 会议、G8 会议的协商机制来完成的。然而，美国不愿意中国以享有全权成员的身份加入以前七国集团的协商机制，中国又不可能接受俄罗斯那样降低标准参与八国集团的模式。

克服中美经济政策交流的障碍需要一种创新的机制，中美战略经济对话在一定程度上、相当时期内就成为中国加入七国集团的替代品。有学者认为，中美战略经济对话机制本身的功能定位及其发展也可以作为对话的议题。①

在现有的三次战略对话中，双方交流讨论的重心是涉及双方重大利益的双边问题，以及需要双方协作解决的全球性重大经济问题。对话议题覆盖了全球经济失衡、中美贸易差额、人民币汇率、金融服务业市场准入、资本流动及其监管、能源战略协调、知识产权保护、企业社会责任、疾病防控等众多领域。

5.3.2 战略对话中金融开放内容

2006 年 12 月、2007 年 5 月和 12 月，中美两国共举行了三轮战略经济对话，都是由中国国家主席胡锦涛的特别代表、国务院副总理吴仪同美国总统布什的特别代表、财政部部长保尔森共同主持。

（1）第一次对话。第一次战略对话共进行一天半时间，重点在于框架性的内容。中美双方在金融领域的主要成果是同意在中国设立纽约证券交易所和纳斯达克代表处。

（2）第二次战略对话。在第二次战略对话中，双方在金融服务业领域达成了很多成果，主要包括：中国将在 2007 年下半年恢复审批证券公司的设立；在第三次中美战略经济对话之前，将宣布逐步扩大符合条件的合资证券公司的业务范围，允许其从事证券经纪、自营和资产管理等业务；在有利于促进国际收支基本平衡的前提下，将把合格境外机构投资者（QFII）的投资总额度提高至 300 亿美元；允许具有经营人民币零售业务资格的外资法人银行发行符合中国银行卡业务、技术标准的人民币银行卡，享受与中资银行同等待遇；允许外资产险分公司申请改建为子公司，对于目前尚未批准的申请，中国保监会将于 2007 年 8 月 1 日前完成审核。美国强烈支持中国在 2007 年 6 月召开的 FATF（金融行动特别工作组）全会上成为 FATF 成员，双方理解中国将采取适当步骤以达到 FATF 核心成员资格标准；美方确认中资银行在美开设分行的任何申请都将根据国民待遇原则进行审批；并承诺与中国开展金融监管人员的交流。

① 梅新育：《中美经济对话——一场大国的博弈》，新华网，2007 - 05 - 23。

（3）第三次战略对话。在第三次战略对话中，中方在我国金融业开放领域作出了重要的让步。这些决策将对我国银行业、证券业未来的开放进程带来较大影响。

中方同意在第四次中美战略经济对话前宣布，中国证监会就外资参股中国证券公司及其对中国证券市场的影响进行认真评估，并基于评估结果就调整外资参股中国证券公司的股权比例问题提出政策建议。中国银监会曾就外资参与中国银行业进行科学性研究，整个研究过程于 2008 年 12 月 31 日前结束。在政策评估结论的基础上，中国银监会就外资持股比例问题提出政策建议。依据相关审慎性规定，中方允许符合条件的外商投资公司包括银行发行人民币计价的股票，允许符合条件的上市公司发行人民币计价的公司债券，允许符合条件的外资法人银行发行人民币计价的金融债券。美国政府继续承诺对在美开展业务的中资银行实施国民待遇，并确认按照国民待遇原则对中资银行的申请进行评估。美国对所有外国银行在美建立分行或子行，或者购买美国现有银行机构的股份的申请应用同样的审慎标准。美国注意到中国提出的请美国相关监管机构根据相关法规和程序快速审批中资银行申请的要求。美国政府同时继续承诺对中国的证券公司和投资咨询机构在美登记和开展业务实施国民待遇。中国银监会与美国证监会已原则同意签署交换信函（EOL），该信函将就涉及中国银监会或美国证监会核发许可的金融机构所从事的跨境活动的相关信息交换作出安排。

5.3.3 战略对话对银行业开放的影响

要求放宽外资对中资金融机构的持股比例是几次战略对话的重要议题之一。按照目前有关规定，中资保险公司外资持股比例最高不得超过 25%，外资证券公司所持合资企业的股权最多不得超过 33%，外资持有中国国内银行的股份不得超过 25%，外国资产管理公司在合资公司的股份也不得超过 49%。在持股比例方面，美国财政部、各级在任离任官员在各种场合进行游说呼吁。同时，相信在谈判桌上，美方也给予中方相当大压力。美国前商务部部长、现任美国理财服务论坛首席执行官 Donald L. Evans 的观点在美国具有代表性：两国之间虽然取得了许多成果，但还需要做更多。中国应进一步放松外资在中国设立分支机构的限制，放松外资股权比例的上限，增进金融和监管的透明度，同时向汇率机制市场化迈进。

从实际的政策变动情况来看，中美战略对话的效果是非常明显的。第三次对话中中方同意在第四次中美战略经济对话前宣布中国证监会就证券业持股比例提出的政策建议。然而，在这次对话后的一个月内，我国就迅速调整了证券业开放政策：我国允许外资参股我国 A 股市场的上市证券公司不超过 25% 的股权，单家外资机构的持股比例不超过 20%。在更重要的银行业开放方面，第三次对话提出“中国银监会将于 2008 年 12 月 31 日前在政策评估结论的基础上，就外资持股比例问题提出政策建议”。这说明在限制外资进入的最重要指标上，我国政府的态度也已经出现了明显松动的迹象。与此同时，我国一些学者也建议适度放开外资持股比例的限制。成思危表示，从引进战略投资者的目的来看，如果要加强银行的治理，对于地方商业银行来说，可以适当放宽。他认为，和四大国有商业银行相比，地方商业银行在国家金融体系运行过程中的作用相对较轻[①]，如果引进战略投资者的持股比例过小，对于改善公司治理结构的作用可能比较有限。夏斌也指出：引进外资可增强国内金融业的活力，而监管部门坚持国有控股的原则应区别对待。赵锡军表示：监管层最终放松外资银行持有中国商业银行股份的比例已不存在太多的障碍。因为 2007 年底银行业全面开放后，我国已经允许外资银行在华开设独立的法人银行，就是允许其 100% 持有当地法人银行。外资银行想进入中国市场，完全可以通过新成立银行来进行。至于想参股中资银行，无非是出于商业化运作的考虑。

基于上述信息我们可以判断，在 2007 年后有限的时间内，我国可能就外资参股中资银行比例上限问题进行一定程度的政策调整。预计最可能变动的方面在于：

（1）单家持股 20% 的比例和总持股 25% 的比例可能不会有太大变化，如果变动，最多将上限调整到 33%。

（2）可能根据我国银行类型进行分类，对于四大国有银行，外资参股比例扩大的可能性较低；对于全国性股份制商业银行，外资参股比例上限也很难超过 33%；而对于众多的城市商业银行，外资参股比例上限可能会调整到 33% 甚至是 50%。

---

① 其含义是说地方商业银行的开放对金融安全的影响较小。

(3) 我国如果调整相关政策，除了外资持股比例上限这一单独指标之外，对外资入股细则可能需要相应完善，同时还应该在银行外资并购的国家审查制度、银行并购立法与反垄断立法等方面加强相应的制度安排。

总而言之，我国银行业还处在谨慎有序、以我为主的开放进程中，虽然存在国际压力，我国秉承的原则肯定还是稳定重于效率，将金融安全放在更为优先的位置上。

6 本书的基本结论与展望

6.1 本书的主要结论

（1）基于“全球化”和“以国家为中心”的现实，金融安全问题是一个综合国际政治、经济、文化诸方面的重大课题。金融安全的维护是国家安全战略的重要组成部分，它的提出一方面与系统性风险、金融危机等命题相关；另一方面牵涉到资源配置的权力、金融主权等方面的内容。金融安全的关键在于对金融核心价值的维护，而金融核心价值主要体现在金融机构通过市场对资源的配置功能上，而一国对关键资源的支配和控制又衍生出金融权力的问题。金融体系的高效稳定和资源控制权配置本身就是不可分割的。金融开放的过程也是金融非核心主权不断被分享的一个过程。

（2）从国际银行业格局变化的史实来看，西方发达国家通过地缘经济政策和操纵国际组织等手段促使其他国家开放银行业市场，试图获取其银行业控制权。在全球化过程中，一国银行业始终面临在市场开放与控制权维护之间的艰难平衡；一些中东欧与拉美国家由于经济转型或经济危机开放银行业，导致大部分市场份额被外资控制；反倒是各个经济大国对外资进入银行业进行严格监管，并将银行业牢牢地控制在本国企业或政府手中。

（3）对于现代银行，控股权仍然是基本的控制性要素；另外，通过占有某些非资本的控制性要素也能在一定程度上取得相对的控制权。本书认为，银行业控制权不是控制银行资本总量和家数的简单加总，其核心是控制银行市场的经济利益，以及控制银行业资源对国家经济与安全局势的辐射能力。外国经济体可能通过扩张经营性机构和参股并购这两条途径来侵占东道国银行市场，控制金融资源。产权、人才、信息、网络系统、核心技术都可能成为争夺的要点。另外，东道国银行业结构决定了外资控制的途径和策略；提高银行体系国际竞争力、促进金融稳定是东道国保障控制权的根本措施；而政府的规制和监管是反制外资渗透控制的主要形式和手段。

（4）引进战略投资者是我国商业银行改革的重要举措。虽然中资银行的股权开放抱着合资共赢的良好初衷，然而外资银行的战略动机和行为对我国金融业带来了巨大压力。外资进入中国市场只是国际银行业格局变化的一个局部，各类战略投资者在中国的一举一动都服从于其全球发展战略。其中汇丰、花旗等国际活跃银行在中国市场具有相当大的战略雄心，需要引起我国监管部门的高度重视。

（5）金融开放并非一个单纯的经济学问题，在抉择过程中往往必须考虑国内利益集团之间以及国家之间争夺权力与利益的博弈。从国际政治的角度分析，国际金融领域呈现出明显的中心—边缘结构。地缘政治、意识形态和文化观念会给不同国家的金融安全带来显著的差异。我国银行业开放的战略抉择无疑会受到大国间外交的影响，这其中主要就在于中美之间国家战略层面的角力。非对称性的相互依赖与必然的战略冲突使得中美之间建立了经济战略对话机制，在银行业开放博弈中，我国政府始终坚持“以我为主，循序渐进”的原则。

6.2 对未来银行业控制权与安全形势的评判

通过前文的分析，我们可以提出国家维护银行业控制权，保障金融安全的一些基本条件：

（1）国家政局相对稳定，国防安全与国际地位能够得到保障，国家采取独立自主的发展战略。

（2）国家经济平稳健康发展，避免剧烈的经济波动甚至是严重经济金融危机。

（3）本国银行业发展相对健康有序，具有较强的国际竞争力；政府对银行业采取自主控制、有限度的开放战略，建构有利于银行业健康发展与外资监管的法律框架。

根据上述条件，对现阶段形势作如下基本判断：

在政治方面，我国政府行使主权的能力非常强。在经济方面，人民币资本项目还没有完全开放，国外资本也只有通过 QFII 等少数渠道投资我国资本市场。从银行业法律法规来看，我国政府对外资银行准入的监管要求已经较为严格，并且关于外资监管和银行并购等方面的立法正在不断加强。因此，虽然目前外资银行在中国的扩张势头较为迅猛，然而单家跨国银行的影响力毕竟还不足以与当代一个经济大国的综合力量相抗衡，单纯靠商业性并购的扩张还难以掌控大国的核心金融利益。从我国的银行业开放情况看，外资银行经营性机构占我国银行业的份额极其有限（2007 年 5 月底，占比 2.1%），我国银行业外资市场占有率远比工业性产业要低得多；鉴于 20% ~25% 的限制，外国资本参股中资银行的实际比例也还非常低（2007 年 7 月底，21 家中资银行的外资总占比 11.78%，见第 3 章）；因此现阶段所有证据都不足以支持国外势力通过控制我国银行市场进而威胁我国金融安全的说法。

根据上述条件，能够对我国未来一段时间的银行业控制权与金融安全形势进行预判：第一，中国是正在和平崛起中的大国，我国政治局势、国防安全、国际地位都能够得到基本保障；我国社会主义大国的性质和民族情感决定了我国只能走独立自主的发展道路。第二，我国经济中虽然存在很多结构性矛盾，但是总体经济面还比较健康，改革开放给我国带来的活力依然存在。第三，我国正在积极地改革金融体制，化解各类金融风险，本国银行业的效率和稳定形势预计能够得到积极改善。

在这样的背景下，我国政府在未来不可能大幅度放弃本国银行业控制权，作出超乎寻常的开放抉择。在可以预见的时期内，我国银行业的外资资产比重很难超过发达国家中开放程度最大的英国（40% 左右），更不可能达到部分中东欧和拉美国家的程度（70% 以上）。综上所述，在维护银行业控制权的维度上，我国金融安全是能够得到保障的。

6.3 我国银行业开放与安全维护战略的政策建议

通过全文分析，本书提出未来我国金融安全威胁的可能爆发点，并归纳出关于制定我国银行业开放与安全维护战略的政策建议。

首先，我国应该继续坚持独立自主、和平发展的道路，在与美国等大国的博弈中坚守立场，有理有节。在国际关系和安全战略方面，我国最大的威胁来自于美国霸权和“美日同盟”，台湾问题的处理涉及中华民族的整体战略利益，同样地，“台湾有事”将会给我国金融安全形势造成动荡。

其次，我国金融安全的威胁更多会来自金融稳定和金融危机方面，而多数发展中国家丧失银行业控制权都是在发生经济危机后的被迫举措。因此，化解宏观金融风险，建立金融安全网，增强金融体系稳定性，避免经济危机是消除金融控制权威胁的重要方面。

再次，银行业发展战略要协调开放发展与监督管制的关系。其中，反制外资扩张控制的重点在于政府的立法和监管。应该建立以《外资银行法》、《银行并购法》和《银行反垄断法》为核心的法律体系；在国民待遇的基础上，规范对外资银行机构在地域、业务和并购方面的监管。另外，国内金融机构发展壮大是保障控制权和金融安全的根本，我国在适当的时候应该考虑银行业对内开放，放松对资本来源和业务创新的管制，扩大国内金融市场的容量，以增强中资金融机构的实力。

最后，金融安全与银行业控制权问题的研究是非常重要的战略性工作。由于金融安全的复杂性，研究中最困难的莫过于数据、资料和案例的搜集和解析，这一点作者深有感触。囿于作者学识水平与研究条件，本书的研究还非常粗浅。如果要想在此问题的研究中得出更严谨的理论框架、更准确的实证支持、更具操作性的政策建议，作者建议国家应该集合各方力量，建立起由高校、各研究中心、经济金融监管部门、国家安全系统、外交部门等广泛组成的研究团队和信息支持系统，对重点问题进行课题攻关，对日常信息动态进行监控与预警，把国家金融安全的维护落到实处。

参考文献

[1] 爱德华·肖：《经济发展中的金融深化》，中文版，北京，中国社会科学出版社，1989。

[2] 陈飞翔：《市场结构与引进外商直接投资》，载《财贸经济》，2002 (2)。

[3] 陈松林：《中国金融安全问题研究》，北京，中国金融出版社，2002。

[4] 陈野华、文庆能：《境外战略投资者引入对我国银行业监管的影响》，载《改革》，2007 (10)。

[5] 陈野华、卓贤：《中国渐进改革成本与国有银行财务重组》，载《经济研究》，2006 (3)。

[6] 陈野华：《西方金融学说的新发展》，成都，西南财经大学出版社，2001。

[7] 仇华飞：《近代外国在华银行研究》，载《世界历史》，1998 (1)。

[8] 楚树龙：《冷战后中美关系的走向》，北京，中国社会科学出版社，2001。

[9] 戴相龙：《关于金融全球化问题》，载《金融研究》，1999 (1)。

[10] 丁志杰：《发展中国家金融开放：效应与政策研究》，北京，中国发展出版社，2002。

[11] 丁志杰：《专家解读〈反垄断法〉与经济金融安全》，载《金融时报》，2007-09-10。

[12] 董崎：《银行并购：后WTO时代中国商业银行的战略选择》，载《改革》，2006 (6)。

[13] 郭研、张立光：《外资银行进入对我国银行业影响的实证研究》，载《经济科学》，2005 (2)。

[14] 国务院新闻办公室：《2006年中国的国防》，2006。

[15] 哈特：《企业、合同与财务结构》，中文版，上海，上海三联书店、上海人民出版社，1998。

[16] 何维达、何昌：《当前中国三大产业安全的初步估算》，载《中国工业经济》，2002（2）。
[17] 霍宏伟、姚勤华：《中东欧国家加入欧盟进程：战略选择与政策调整》，载《东欧中亚研究》，2002（2）。
[18] 洪葭管：《中国金融史》，成都，西南财经大学出版社，1993。
[19] 黄宪、熊福平：《外资银行在中国的经营动机、策略和对我国银行业的影响》，第三届中国金融学年会论文，2006。
[20] 黄宪、熊福平：《外资银行在中国发展的经营动机和经营策略分析》，载《金融研究》，2005（2）。
[21] 江勇：《经济安全及其评估》，载《统计研究》，1999（9）。
[22] 姜波克：《金融国际化进程中的风险问题研究》，载《学习与探索》，2005（4）。
[23] 姜波克：《开放条件下的宏观金融稳定与安全：姜波克文选》，上海，复旦大学出版社，2005。
[24] 杰弗里·法兰克尔、彼得·奥萨格：《美国90年代的经济政策》，中文版，北京，中信出版社，2004。
[25] 金德尔伯格：《疯狂、惊恐和崩溃：金融危机史（第四版）》，中文版，北京，中国金融出版社，2007。
[26] 金德尔伯格：《西欧金融史（第二版）》，中文版，北京，中国金融出版社，2007。
[27] 金运：《国际战略投资者选择与国内商业银行改革》，载《中国金融》，2005（22）。
[28] 经济安全论坛：《中国国家经济安全态势观察与研究报告（2001—2002）》，北京，经济科学出版社，2002。
[29] 景玉琴：《产业安全评价体系指标研究》，载《经济学家》，2006（2）。
[30] 雷家啸：《中国金融安全——制度和操作层面的问题》，北京，经济科学出版社，2000。
[31] 李良、陈晓红：《外资银行的专利壁垒与我国商业银行的专利战略》，载《金融论坛》，2004（4）。
[32] 李石凯：《后转型时期的中东欧银行业》，载《中国金融》，2006（6）。
[33] 李石凯：《境外战略投资者对中东欧8国银行产业转型与发展的影响》，载《国际金融研究》，2006（9）。
[34] 李晓峰、陈光：《在华外资银行经营现状及发展前景分析》，载《国际金融研究》，2000（5）。
[35] 李扬、黄金老：《金融全球化研究》，上海，上海远东出版社，1999。
[36] 李英：《国家安全思想的创新与发展》，载《光明日报》，2003-07-09。

[37] 栗志纲：《政治因素与汇率制度选择——关于中美人民币汇率争论的一个政治学解释》（未公开发表），2006。
[38] 梁勇：《开放的难题：发展中国家的金融安全》，北京，高等教育出版社，1999。
[39] 刘慧华：《一个里程碑式的研究——评吉尔平的〈全球政治经济学〉》，载《美国研究》，2004（1）。
[40] 刘沛、卢文刚：《金融安全的概念及金融安全网的建立》，载《国际金融研究》，2001（11）。
[41] 刘锡良：《中国经济转轨时期金融安全问题研究》，北京，中国金融出版社，2004。
[42] 卢文刚：《浅析金融安全及其战略地位》，载《经济前沿》，2002（7）。
[43] 陆磊：《外资入股中资商业银行：银行治理与国家金融安全》，载《武汉金融》，2006（1）。
[44] 罗伯特·吉尔平：《全球政治经济学：解读国际经济秩序》，中文版，上海，上海世纪出版集团，2003。
[45] 罗伯特·吉尔平：《全球资本主义的挑战：21 世纪的世界经济》，中文版，上海，上海人民出版社，2001。
[46] 孟国碧 ：《经济全球化的关键是控制核心经济主权》，载《理论探讨》，2000（5）。
[47] 倪世雄：《当代西方国际关系理论》，上海，复旦大学出版社，2001。
[48] 潘晓霞：《近十年中国近代金融史研究综述》，载《江海学刊》，2005（6）。
[49] 皮尔逊等：《国际政治经济学：全球体系中的冲突与合作》，中文版，北京，北京大学出版社，2006。
[50] 塞缪尔·亨廷顿：《文明的冲突与世界秩序的重建》，中文版，北京，新华出版社，1998。
[51] 《上海金融》特约评论员：《正视银行业战略引资风险》，载《上海金融》，2005（10）。
[52] 史建平：《国有商业银行改革应慎重引进外国战略投资者》，载《财经科学》，2006（1）。
[53] 斯蒂芬·I. 戴维斯：《银行并购：经验与教训》，中文版，北京，中国金融出版社，2003。
[54] 斯蒂格利茨：《从"华盛顿共识"到"北京共识"》，载《21 世纪经济报道》，2005-03-28。
[55] 宋鸿兵：《货币战争》，北京，中信出版社，2007。
[56] 苏珊·斯特兰奇：《国家与市场：国际政治经济学导论》，中文版，北京，经济科学出版社，1990。

[57] 索罗斯：《索罗斯论国际化》，中文版，北京，商务印书馆，2003。

[58] 谈儒勇、丁桂菊：《外资银行进入效应研究述评》，载《外国经济与管理》，2005（5）。

[59] 唐双宁：《中国银行业引进战略投资者应符合五原则、五标准》，2005 中国论坛，2005－11－02。

[60] 唐旭：《金融安全重在体系建设》，载《瞭望经济周刊》，2006（3）。

[61] 屠新泉：《中国加入 WTO 以来的美国对华贸易政策》，载《世界经济研究》，2007（12）。

[62] 王广谦：《经济全球化进程中的中国经济与金融发展》，北京，经济科学出版社，2005。

[63] 王森：《国有商业银行改革：改善治理结构还是拓展市场业务》，载《金融研究》，2005（6）。

[64] 王一江、田国强：《不良资产处理股份制改造与外资战略》，载《经济研究》，2004（11）。

[65] 王逸舟：《当代国际政治析论》，上海，上海人民出版社，1995。

[66] 王元龙：《中国金融安全论》，北京，中国金融出版社，2003。

[67] 吴念鲁：《对国有商业银行引进战略投资者及上市的评析》，载《银行家》，2005（9）。

[68] 徐开金、严岭：《国内经济安全理论研究综述》，载《经济学动态》，2002（11）。

[69] 徐开金：《经济安全：基于经济主权角度的研究》，载《社会科学研究》，2003（2）。

[70] 徐开金：《经济全球化与经济主权分享》，载《甘肃社会科学》，2002（4）。

[71] 徐平、陈丽华：《论政府规制的适度性把握》，载《经济与管理研究》，2006（10）。

[72] 徐泉：《国家经济主权法律地位阐微》，载《法律科学》，2006（4）。

[73] 杨大楷：《国际投资学》，上海，上海财经大学出版社，2003。

[74] 易棉阳、姚会元：《1980 年以来的中国近代银行史研究综述》，载《近代史研究》，2005（3）。

[75] 余云辉、骆德明：《谁将掌控中国的金融》，载《上海证券报》，2005－10－25。

[76] 约翰·伊特韦尔等：《新帕尔格雷夫经济学大辞典》，中文版，北京，经济科学出版社，1996。

[77] 曾康霖、高宇辉、甘煜：《国别差异与银行业对外开放风险评判》，载《国际金融研究》，2006（11）。

[78] 曾康霖：《金融经济学》，成都，西南财经大学出版社，2002。

[79] 占硕：《国有银行引资过程中的控制权租金研究》，载《上海金融》，2005（10）。

[80] 张岸元：《中美关系中的跨国公司因素》，载《世界经济与政治》，2001（1）。

[81] 张翠：《全球化语境下的二律背反——对全球化与民族性的一点看法》，载《青岛职业技术学院学报》，2005（4）。

[82] 张纪康：《直接投资与市场结构效应》，上海，上海财经大学出版社，1999。

[83] 张文木：《中国国家安全哲学》，载《战略与管理》，2001（1）。

[84] 张幼文等：《国家经济安全问题的性质与研究要点》，载《世界经济研究》，1999（3）。

[85] 中国现代国际关系研究所：《国际战略与安全形势评估》（2001/2002），北京，时事出版社，2002。

[86] 中国现代国际关系研究院美欧研究中心：《反恐背景下美国全球战略》，北京，时事出版社，2004。

[87] 周道许：《金融全球化下的金融安全》，北京，中国金融出版社，2001。

[88] 周虎：《国际资源争夺中的金融战》，载《战略与管理》，2002（3）。

[89] 周立：《中国和平崛起的经济金融安全——外部性角度的解释》，载《中国金融业全面开放与金融稳定学术研讨会论文集》，2006。

[90] 周山淞：《全球金融战纪实（一、二卷）》，北京，中国金融出版社，2004。

[91] Merton R. C., 1995: A Functional Perspective of Financial Intermediation, Financial Management, 24 (2).

[92] Arnold Wolfers, 1952: National Security as an Ambiguious Symbol, Political Science Quarterly.

[93] W. C. Wohlforth, 1999: The Stability of a Unipolar World, International Security, 24 (1), Summer.

[94] Krugman, 1979: A Model of Balance - of - Payments Crisis, Journal of Money, Credit and Banking.

[95] Krugman, 1998b: The Confidence Game, The New Public, October 5.

[96] Joshua Cooper Ramo, 2006: The Beijing Consensus.

[97] Jahee Nolan, 1994: Clohal Engagement: Cooperation and Security in 21st Century, Washington D. C., the Brookings Instituion.

[98] Richard O' Brien, 1992: Global Financial Integrational: The End of Geography, London: The Royal Institute of International Affaris.

[99] Aghion, P., J. Tirole, 1997: Real and Formal Authority in Organizations, Journal of Political Economy, 105.

[100] Kindleberger C. P., 1969: American Business Abroad, Yale University Press.

[101] Hymer S. H., 1976: The International Operations of Naional Firms: A Study of Direct Foreign Investment, MIT Press.

[102] Samuel P. Huntington, 1993: Why International Primacy Matters, International Security, 17 (4), Spring.

[103] Vicent Cabale, 1995: What Is International Economic Security, International Security, April.

[104] See Andrew, T. H. Tan, J. D. Keneth, 2001: Non – Traditional Security Issues in Southeast Asia, Singapore: Select Publishing Ltd.

[105] Cox, R., 1999: Civil Society at the Turn of the Millennium: Prospects for an Alternative, Review of International Studies.

[106] Claessens S., Demirgüc – Kunt A. and Huizinga H., 2001: How Does Foreignentry Affect the Domestic Banking Market? Journal of Banking and Finance, 25 (5).

[107] Levine R. 1996: Foreign Bank, Financial Development, and Economic Growth in Clande E. B. (Ed), International Financial Markets. AEI Press, Washington, D. C.

[108] Agenor P. R., 2001: Benefits and Costs of International Financial Integration: Theory and Facts, Working Papers – International Economics. Trade, Capital Flows, No. 2699. World Bank, Washington, D. C., United States, October.

[109] Lensink R. and Hermes N., 2004: The Short – term Effects of Foreign Bank Entry on Domestic Bank Behavior: Does Economic Development Matter? Papers Prepared for the Conferences on "Foreign Banks and Economic Transition" in Poznan (September 2001) and Tallinn (April 2002), Published in Journal of Banking and Finance, 28: 553 – 568.

[110] Claessens S. and Glaessner T., 1998: The Internationalization of Financial Services in Asia, Working Papers – Domestic Finance. Saving, Financial System, Stock Markets, No. 1911, World Bank, Washington, D. C., United States, April.

[111] Montinola G. and Moreno R., 2001: The Political Economy of Foreign Bank Entry and its Impacts: Theory and a Case Study, Pacific Basin Working Paper Series No. PB01 – 11.

[112] Martines Peria M. S. and Mody A. 2004: How Foreign Participation and Market Concentration Impact Bank Spreads: Evidence from Latin America, Policy Research Working Papers Series No. 3210, World Bank, Washington, D. C., United States, February.

[113] Denizerl C., 2000: Foreign Entry in Turkey's Banking Sector: 1980 – 1997. Working Papers – Domestic Finance, Saving, Financial System, Stock Markets, No. 2462. World Bank, Washington, D. C., October.

[114] Miller and Parkhe, 1998: Patterns in the Expansion of U. S. Banks' Foreign Operations,

Journal of International Business Studies, 29 (2).

[115] Focarelli, D., Ozzolo, A. F., 2000: The Determinants of Cross – Border Bank Share Holdings: An Analysis with Bank – Level Data from OECD Countries, Papers 381, Banca Italia – Servizio di Studi.

[116] James R. Barth, Gerard Caprio Jr., and Ross Levine, 2001: Bank Regulation and Supervision: What Works Best, Policy Research Working Paper, 2725.

[117] Goldberg, L, G. and R. Grosse, 1994: Location Choice of Foreign Banks in the United States, Journal of Economics and Business, p. 46.

[118] Seth R., D. E. Nolle, S. K. Mohanty, 1998: Do Banks Follow Their Customers Abroad? Financial Markets, Institutions and Instruments, 7 (4).

后　记

本书是在我的博士论文基础上形成的。我的选题起源于两位导师主持的研究课题。这些课题的申报和研究是我三年博士生涯的主要工作，可其中的起承转合，已经渗透到我生活的方方面面，更成为牵引人生轨迹的线索——就是那一点机缘巧合让道路改弦易辙，我也走向了另一片天地。人，总是徘徊在理想与现实之间。我为理想试图去设计命运，可是为他人最终改变了自己。

思想里总有些混乱和矛盾，唯真理与导师一直是支撑我信念的中流砥柱。我知道怀着一份感恩，去感谢给我最好引导、使我有最大进步的人。我的博士生导师陈野华教授，她拥有深厚的理论功底、敏捷的洞察力和正直刚毅的性格，更有对学生母亲一样的爱心。她与我的交流远超过了“传道、授业、解惑”的指导，很多时候都直指我的性格、感情和我的人生哲学。三年的生涯虽然短暂，可是影响却很深远。老师的目光一直注视着我的前路，心血已经融入了我的灵魂。一切都不必说了，每个人的生命里都只会出现少数几个命运攸关的人。

读博士的这段生活是幸运的，“中国金融研究中心”这块牌子不只给我们“中国”的自豪，更给了我们一个和谐奋斗的环境。曾康霖教授和刘锡良教授，让我震撼的不只是他们的盛名和威望，更多的还是他们言谈中厚重的底气和闪耀的火花。对我来说，恐怕将来不只要牢记他们的教诲，因为他们还赋予我人生的很多其他。在来之前，几位德高望重的导师像泰斗一样需仰视才见，读书之后，才暗自窃喜也能历练成中心队伍的一员。我的硕士生导师冯用富教授，中心的倪克勤教授、曹廷贵教授、邓乐平教授和潘席龙副教授也在学业上给予我很多启迪和帮助，同时还要感谢办公室周艺、王艳娇、秦娟和毛剑飞老师。

再说说三年来的同学和朋友，从公来说是三个课题三个团队。金融安全课题申报时，最深刻的是和青马、王丽娅、周凯、聂教授几次经天彻夜的争辩，后来都已经晕得只有躺在会议室的两把椅子上了；还有就是青马总是很能吃，我们把他一顿吃三个鸡腿、两份牛肉等等都记录在案。信用风险课题是何德好和我的共事，可是交流何止于此，2006 年元旦前，老师第一次召集邹谨、徐皓和我们在校门前新开的西堤岛开会议事，想起来那里咖啡好贵哦。虽然只完成国有银行改革课题的结尾部分，但是卓贤、李裕强等同门给了我很大的支持和帮助。除正式的学习工作以外，最 happy 的是平时扯淡和娱乐，连老师都会偶尔小羡慕，而灵感、精髓就在这当中：金沙四楼小角落的小团体天天啸聚，漫天神侃、上天入海的玩闹都一去不回头了；博学一舍二楼线上的哥们儿，天天出入前呼后拥，优哉游哉，开心就摆上桌子在大太阳下打一下午牌。把他们的名字全说出来不好看，就那么几个，反正大家心里都清楚哪些才是圈里的。

最后说说生活的重点。感谢我的夫人，她几乎是所有问题的 key，所有事件的见证。对爸爸妈妈和祖祖说一声“辛苦了”，你们培养了两个博士，睡着也在笑了，遥远的家乡才是我们永远的大后方。

只愿周围的人吉祥平安，轻推开门，第三个春天来了。

文庆能

2008 年 3 月于光华园